蔚然成風 成大醫學院 40 週年誌

公元 2023 年｜行書｜10x60 cm

成大後醫系第一屆、信安醫院院長 葉寶專

閒時以習字為樂，混搭各家書風，望能自成一格，
猶如成大醫學院 40 年來培育來自四面八方的無數
莘莘學子，具備深厚的醫學人文素養，已然成風。

公元 2023 年｜電繪｜360x240 cm

圖・文／成功大學醫學系 114 級 張蘊、蕭亦呈

此作品向文藝復興畫壇三傑之一——拉斐爾的《雅典學院》致敬。

背景部分揀取原畫材料，揉合古今醫學相關元素進行創作。左右兩尊石像為希臘神話健康女神 Hygeia 與醫學之神 Asclepius，天井拱門呈現 DNA 分子微觀結構雕塑，附近隱藏著胎兒子宮與人體骨骼的石雕；外圍背景包含血管、紅白血球、抗體、血栓等設計和肝腎器官的刻畫。這些背景細節意在追溯醫學的「根源與啟示」。

人物部分將姿勢動作及群體互動重新構思，結合習醫之路上接觸到的系統知識與實體學習，包括 PBL、CPR、理學檢查、病理學、解剖學、生化微免寄蟲實驗等課程內涵。醫學生透過長時間的求知與觀察，逐步靠近醫學的核心理念：奉獻一己之力，為病者尋最佳之治癒方式。這些人物意象代表著「實踐與深思」。

在人類文明盛開的創世紀，重新審視人文精神；希望即將進入臨床的我們在這場文醫復興之中，懷著謙遜以及對生命的敬畏，傳遞希波克拉底時代以來不斷淬煉匯聚的醫者信仰，在生死的深邃裡做一場安魂彌撒，在醫術的璀璨中再一次虔誠晚禱，自成大醫學院走出——

Not only as doctors, but men.

走過不平凡的40年

世界科學院暨中央研究院院士 張文昌

今年正值成大醫學院慶祝創院 40 週年之際，回首 1982 年底，我與黃崑巖院長於美國華盛頓見面，隔年 10 月加入成大醫學院籌備團隊。在過去 40 年間，院內同仁團隊充分展現互助精神，繼往開來，造就成大醫學院的榮景。

值此之際，我們有幸推出這本值得珍藏的紀念誌，回顧這 40 年來成大醫學院如何走過不平凡的旅程，由一個尚未完全成形的學府，成長為全國乃至全球極具影響力的醫學教育及研究機構。

過去 40 年間，成大醫學院培育出一批又一批專業的醫學人才服務社會。除了傳授高度專業的醫學知識外，更加強調醫學倫理和人文關懷，讓學子們了解醫學不僅是一門科學，更是一門藝術。

成大醫學院也在研究上取得令人矚目的成就，從基礎醫學研究到臨床實踐，致力推動臺灣醫學研究發展。這些成就當然不能僅歸功於學院，更是因為每一位教職員工和學生的不懈努力。

這本 40 週年紀念誌不僅是回顧，也是展望未來的機會。在科技日新月異、AI 時代來臨，醫學教育面對的挑戰愈來愈多元和複雜。成大醫學院將承擔起這些挑戰，持續推進教學和研究的多元化和國際化，為臺灣乃至全世界的醫學發展做更多的貢獻。

閱讀這本紀念誌時，您將會看到成大醫學院的過去、現在及未來，從教學、研究到服務，每個面向都充滿了敬業和熱情。這就是成大醫學院 40 年來一直秉持的精神，也是我們走向未來的動力。

我們深信，只要攜手共進，未來一定更加美好。在沈延盛院長領導下，必能延續開創成大醫學院下一個更進步的十年。

成人之美，功同良相

國立成功大學醫學院前院長 林其和

　　40 年對一個機構而言並不算很長，但也足以評價其建樹和影響力；對個人而言這幾乎已涵蓋其整個職業生涯，因此在成大醫學院創院 40 週年之際出版這一紀念冊，藉此回顧創院初衷，並且記錄同仁們一路走過的痕跡，意義相當重大。

　　40 年來成大醫學院共歷經了 6 位院長，從「創建維艱，奠定百年樹人的根基」，「承先啟後，躋身臺灣醫學中心之林」，「高瞻遠矚，邁向全球頂尖醫學院」，「薪火相傳，培育有使命感的醫界生力軍」，「築夢踏實，展現教學研究發展量能」，到「任重道遠，引領成醫再創輝煌高峰」，一棒接一棒的帶領著師生們成就了志業，也完成醫學院肩負的階段任務。

　　成大醫學院初創時即已建立起同仁團隊合作、互相支援的文化，不但擔負起南部地區急、重、難、罕病人的醫療，也推動新生兒醫療網、設立老年醫院，以提供不同年齡層的病人更適當的照顧。老師們也積極的培育兼具專業與人文素養的醫療人才，歷屆校友在臺灣各醫療領域都有長足的貢獻。

　　1982 年 3 月 20 日成大醫學院第一次籌備會議時，當時的行政院政務委員李國鼎先生特別致送委員會書面致詞，期勉籌備委員同心協力，一起規劃成大醫學院，提高南部地區醫療服務的質量，以滿足民眾健康的需求，並以「成人之美，功同良相」作為勉勵，40 年來師生們的成就顯然已經回應了李國鼎先生的期許。藉此《蔚然成風》一書來回顧大家過去奮鬥的足跡及分享成果，這書不但要對曾經參與和奉獻過的同仁們喝采，也提供後繼者規劃未來醫學院方向的參考。

臺大與成大，互挺兄弟情

國立臺灣大學醫學院附設醫院院長　吳明賢

　　成大醫學院是南臺灣首屈一指的醫學人才培養搖籃，與臺大醫學院校區獨立於臺灣大學相比，它得天獨厚位於成大完整校區內，走入成功，邁向勝利。此次，應好友沈延盛院長之邀，撰寫推薦序。臺大和成大有兄弟般情誼，一南一北為國人提供世界一流大學附設醫院的醫療水準，而努力不懈！

　　從一張老照片「第一屆學士後醫學系在臺大見習的師生合影」（見第32頁），可見證成大醫學院成立之初，在最困難時，作為兄弟的臺大即使無法完全拉你一把，也不會讓成大掉下去。由於醫院尚未竣工，第一屆後醫學系學生，有的在臺大景福館上課。

　　由照片第一排來看，出身臺大的楊俊佑、林其和、賴明亮、蔡景仁、林秀娟、黃崑巖、魏火曜、戴東原、林炳文、張智仁、陳誠仁、薛尊仁等醫師，是成大醫學系創院元老，不僅皆成為專業領袖，亦對學生產生深遠影響。這是兄弟同心，其利斷金的鐵證，也是彼此共同榮耀。當時黃崑巖院長帶領第一批學生回南部上課時，號稱「出埃及記」摩西過紅海。這段臺大在教學人力與硬體資源協助成大進行第一屆學生訓練，成為佳話與特別記憶。

　　此書5大篇章展現成大醫學院的深度和高度。典範人物章節有高達8成都是臺大校友。身為臺大醫院院長，看到臺大校友不僅在專業領域獲得認同，更贏得後進感謝與敬重，使我深感榮幸。

　　成大醫學院是一所真正為社會、為民眾而存在的醫學院。期望未來在沈延盛院長領導下，成大與臺大能持續這份初衷，更緊密合作，為守護國人健康，繼續共同前行。

承先啟後，攜手同行

國立成功大學校長 沈孟儒

　　成大醫學院成立於 1983 年 8 月，在歷任院長和無數同仁努力下奠定良好教育研究基礎，組織發展茁壯，迄今設有 7 大學系、29 個基礎與臨床學科及 16 個研究所，肩負培育醫學人才及帶領尖端醫學研究的永續任務，是我國培育優秀醫學人才的重要學術殿堂。

　　「要有生命教育，善良與品格才是學生的根本。」身為成大人，所學所做須與社會所需密切結合，展現務實勤勉及善於溝通合作、承擔的社會實踐精神。除了「以人為本」的教育理念貫徹於課程設計、校園環境等，成大醫療服務隊讓不同領域的學生們利用課業之餘，投入臺南、高雄偏遠鄉鎮醫療服務中，凝聚真善美，用熱忱與活力注入這片土地，為社會共好盡一份心力。

　　今年醫學院第二研究大樓－生醫卓群大樓落成啟用，是醫學院創設40 年來唯一的新建工程。回顧 10 年來籌建的心路歷程，我滿懷喜悅與感恩之心，感謝在眾人腳踏實地默默努力下，群策群力克服難關，以驚人速度完成繁瑣的行政程序，更感激當時臺南市長、現為副總統賴清德大力幫忙，讓教育部支持近 3 分之 1 經費。大樓興建過程中也獲得不少企業界協助，一路走來可謂「自助、人助、天助」。

　　《蔚然成風》記錄醫學院 40 年來發展過程的點滴故事，結合眾人的善、愛與無私奉獻，成就成大醫學院為國家醫學人才培育重要基地，培育出優質的醫學人才及典範人物。在此，特別感謝為學院努力的所有師生、校友及合作夥伴，因有你們，攜手同行，實踐大學社會責任，創建共榮友善環境，成大人，成大事！

當行之路已啟程，以終為始續前行

國立成功大學醫學院院長 沈延盛

　　成大醫學院成立兩大目標，一是讓理工起家的成功大學擴展為完備綜合大學，開啟成大邁向全球頂尖大學之路；二是肩負平衡南北醫療教育及資源重任，矢志看顧南部「急重難罕」，守護國民健康。創院以來，歷任院長鞠躬盡瘁，不敢忘本。2019 年，我由追隨前行者，接棒成為引領醫學院開拓前路的領頭羊。

　　哲人日已遠，典型在夙昔。創院院長黃崑巖不斷耳提面命：成大醫學院的核心精神，是渴望真正達成照顧病人、學生、同仁，以及回饋社會的目標。不論環境、不畏艱難，即便突破傳統體制，也甘願忍辱負重而前行。

　　走過 40 年，成大醫學院在醫學及人文教育建樹蔚然成風。我相信，當讀者在閱讀本書各篇章時，不時會感受這看不見的成醫精神，如風吹拂，使樹葉顫動，使樹枝垂首。

　　近 10 年來，社會風氣改變，個人權益意識高漲，加上工時 80 小時限制，年輕住院醫師照顧病人的態度丕變。電腦化應用讓醫學生可快速取得知識，卻增加醫師和病人間隔閡，人口快速老化更凸顯出不同醫療團隊成員在未來高齡病人照顧的合作更加重要。為因應此轉變，成大醫學院教育必須提出對策。

　　針對工時縮短的影響，醫學院成立虛擬實境及擴大實境教學教室，鼓勵教師展開網上教學，增加實驗室及臨床技巧訓練，正好因應疫情期間的遠距教學及未來的遠距醫療所需。另成立開刀房的錄影教學手術室，加上已啟用的解剖學顯微教室，如此成大醫學院在教育各系所專業技能的基礎設施皆已完備。

附設醫院因應時代潮流，展開智慧醫療及人工智慧的大數據應用，不但臨床工作將出現變革，更將衝擊現有醫學教育，即從過去「實證醫學」進入「精準醫學」。我們要藉此機會透過負責任的人工智慧（Responsible AI）來建構成大醫學院新時代的醫學人文教育。

　　40 年前，成大醫學院看見需求、承擔責任、實踐承諾，如今逐漸茁壯，理當肩負責任與使命；當行的路尚遠，既已啟程，是該以終為始繼續前進。在這裡誠摯感謝過往至今持續照亮這條前行路的人們，也祝福未來，我們在這段前行路繼續相伴，一同前進。

目錄
Contents

第二篇　成德育人：典範人物

目錄
Contents

第四篇　成杏點滴：學生社團

第五篇　蔚然成風：展望未來

第一篇
眾志成城：歷任院長

歷任院長是醫學院的靈魂人物，一棒接一棒的帶領著師生們成就不凡的志業，也完成醫學院肩負的階段任務，未來將持續領航前進，為成大醫學院開創嶄新的里程碑。

成大醫學院籌備史與系所成立
1969－2021

1969 － 1982

1969

1969 年，羅雲平校長建議在南部地區籌設一所公立醫學院，以因應南部民眾醫療需求。

1975

9 月 8 日，倪超校長為推動醫學院成立，於第 44 次行政會議中編列預算，從砲訓中心購得醫學院預定地，即建國 / 今成杏校區。

1978

▼ 3 月 31 日，成大致函教育部，請求鑒核成大增設醫學院與附設醫院，發展醫學教育及醫藥衛生建設的提案。

1973

8 月 28 日，在「如何促進南部的醫學發展」座談會中，倪超校長提及曾出訪德、美、日、韓等國考察，與成立醫學院的想法。

▲ 9 月 11 日，《中華日報》大篇幅報導「如何促進南部的醫學發展」座談會，從內文可得知成醫籌設歷程始於羅雲平校長。

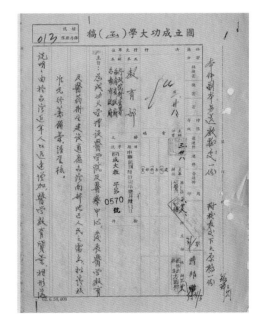

1974

1 月 12 日，成大舉辦座談會，邀請南部醫學界人士及地方首長就成大籌設醫學院與附設醫院計畫提出建議。惟因經費龐大，教育部無力負擔，懸而未決。

1980

2 月 7 日，臺南縣關廟鄉公所發文至成大，對成大所提增設醫學院計畫，願意提供足夠土地，請成大將醫學院設置在該鄉轄內。

8 月，夏漢民接任校長，組織團隊撰寫計畫書，爭取成立醫學院暨附設醫院。

1981

7月31日，行政院致函教育部，指示成大擬增設醫學院及附設醫院的提案，請照李國鼎政委等會商結論辦理。

8月13日，成大獲行政院核准成立。

10月14日，夏漢民校長拜訪李國鼎政委。

▲小東路與東豐路間成大醫學院的預定地，原先是一片荒煙蔓草。

▲李國鼎政委與夏漢民校長合影。

1982

1月18日至20日，五人小組前往華府喬治華盛頓大學醫學院拜訪黃崑巖教授。

國立成功大學增設醫學院計畫書

中華民國七十一年十一月

▲1982年11月，成大送出增設醫學院計畫書，行政院於隔年核定。

◀1月10日，成醫籌建五人小組，成大校長夏漢民（右二）、行政院科技顧問組研究員藍忠孚（左三）、省立臺南醫院院長陳金樹（左二）、省立桃園醫院院長李俊仁（左一），於美國阿拉巴馬大學伯明翰分校考察醫學院時合影。成大建築研究所所長吳讓治教授可能是拍照者，未見於相片內。

1985

2月15日，成大舉行醫學院工程動土典禮。

▶ 夏漢民校長行事曆手稿。

1983

醫學院、學士後醫學系成立。

▲ 1983年11月25日，《中華日報》報導第一屆學士後醫學系有680人報名。

▲ 成大學士後醫學系第一屆招生海報。

▲ 1983年12月17日至18日，成大於成功校區舉行醫學院第一屆學士後醫學系招生考試。

▲ 2001年醫事技術研究所首屆碩士班招生海報。

◀ 科技大樓是成大醫學院創院時期暫時的家，現為醫技系與醫工系所在地。

1987

生物化學研究所碩士班成立。

▶ 1989 年生化所第一屆研究生畢業照。

1988

6 月 12 日成大醫學院完工啟用。

1989

藥理學研究所碩士班、護理學系、醫事技術學系成立。

▲ 護理學系首屆畢業生合影。

1990

生理學科暨研究所碩士班成立。
復健醫學系成立，分為物理治療
組與職能治療組。

▶ 生理學研究所首屆畢業生合影。

1991　微生物及免疫學研究所碩士班成立。

▼ 1993 年微免所首屆畢業生合影。

1992

七年制醫學系成立，同年學士後醫學系停
招。基礎醫學研究所博士班成立，復健醫
學系職治組復招。

▶ 1992 年基礎醫學研究所籌備會議邀請函。

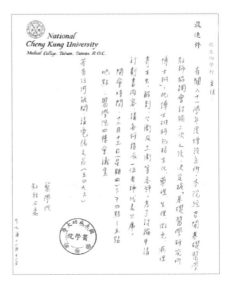

1993

臨床藥學研究所碩士班成立。

▶ 倡議成立臨床藥學研究所的珍貴文件。

設立臨床藥學研究所芻議

1994

物理治療學系、職能治療學系成立。

▲ 職能治療系拉起布條開始獨立招生。

▲ 物理治療學系師生座談會,由首位物理治療專業教師
兼系主任徐阿田主持會議。

1995

環境醫學研究所碩士班成立。

1997

行為醫學研究所碩士班成立。

◀環境醫學研究所首
屆畢業生合影。

1998

分子醫學研究所碩博士班、臨床醫學研究所博士班成立，開始招收在職生。

▼ 2010 年馬英九總統（前排中）至臨床醫學研究所參訪，與賴明詔校長（前排左三）、林其和院長（前排左二）、林炳文院長（前排右三）、許博翔副院長（後排左一）、臨醫所歷任所長蘇益仁教授（前排左一）、黃朝慶教授（後排右六）及沈延盛教授（後排左五）等合影。

1999

護理學系碩士班成立。

2000

公共衛生學科暨研究所碩士班、細胞生物與解剖學研究所碩士班成立。

▶ 成大公共衛生研究所揭牌儀式，流行病學專家、現任行政院長陳建仁（左一）出席典禮。

2001

醫學檢驗生物技術學系研究所碩士班成立，細胞生物與解剖學研究所加入基礎醫學博士班體制，招收博士班。醫學系增設職業及環境醫學科。

2002

臨床醫學研究所碩士班、工業衛生學科暨環境醫學研究所博士班、口腔醫學研究所碩士班、物理治療學系研究所碩士班成立。

▶ 口腔醫學研究所成立。

2003

健康照護科學研究所博士班、職能治療研究所碩士班成立。

▶ 健康照護科學研究所首屆招生海報。

2004

藥學生物科技研究所博士班、醫學檢驗生物技術學系成立。

2005

臨床醫學研究所碩士在職專班成立，於 2007 年 8 月招收學生。

2006

老年學研究所碩士班成立。

◀ 老年所首屆畢業生與師長合影。

2008

公共衛生學科暨研究所博士班成立。

臨床醫學研究所碩士班開始招收一般生。

2009

臨床醫學研究所博士班開始招收一般生。

2011 「臨床藥學研究所」、「藥學生物科技研究所」整併為「臨床藥學與藥物科技研究所」（含碩士班、博士班）。

2014 設立跨領域神經科學國際博士學位學程，藥學系學士班成立。

▲ 藥學系藥劑實驗室啟用典禮合照。

2015 公共衛生碩士在職專班成立。

2017

護理學系國際博士班成立，
醫學系增設腫瘤醫學科，
食品安全衛生暨風險管理
研究所成立。

▶ 食品安全衛生暨風險管理研究
所第一屆學生首次校外參訪。

2019

牙醫學系學士班成立。
醫學系「放射線學科」、「核子醫學科」整併為「影像醫學科」。

▶ 牙醫學系揭牌典禮後學生們放入時空膠囊，預計於 2031 年一同
返校打開。

2021

醫學系增設人文暨社會醫學科、高齡醫學科。

▼ 2021 年 12 月 17 日，成大醫學院與附設醫院致贈夏漢民校長獎
牌，感謝夏校長將原先以工學院為主的成大，拓展轉型成為完整的
綜合型大學。

創建維艱　成就百年樹人志業
1983－1995　第一任院長　黃崑巖教授

　　40 年前，成大醫學院及附設醫院的創設，是國內醫學界及學術界的大事，也被列為國家 14 項重大建設之一。

　　創院院長黃崑巖深知全體師生殷切期盼成大能早日設立南部醫學與醫療兼備的整合機構，與臺大並駕齊驅。因此，從他接下這個重責大任的那一刻起，始終念茲在茲，立志有朝一日能完成大業。

篳路藍縷 擘建成大醫學院

　　黃崑巖從臺大醫學系畢業後，短暫當過一年臺大醫院外科住院醫師，之後留學美國喬治華盛頓大學醫學院，1966 年獲得微生物學博士學位，並擔任教授長達 16 年，成為享譽國際的微生物學家。

　　1982 年，他應成大校長夏漢民之邀，歸國奉獻所學，負責籌建當時列為國家 14 項重大建設之一的成大醫學院暨附設醫院，以平衡地區醫療水準，成為南部的國家級醫學重鎮為目標。

黃崑巖返國時 48 歲，正值盛年，他執著的不只是蓋一座建築物，而是百年樹人的教育事業。當時，他許下宏願，希望發展渾然一體的醫學院與附設醫院，彼此互為手足，成為一所高水準的教學醫院，在無國界的醫學國際舞臺上一較長短。他也自我期許，身為醫學院院長之責，除督導整個附設醫院的運作外，更需兼顧醫學系各年級學生的臨床教育品質。

　　然而，創業維艱，畢竟當時所有的醫療資源多集中在北部。創院初期，黃崑巖為了延攬各方優秀人才，四處奔波，跑遍全國大街小巷，甚至遠赴海外。為了在醫學院完工前安排學生到臺大接受臨床課程，他到處請託、協調，同時還必須督導建築工程進度，以確保能如期竣工啟用，讓學生從臺北回到臺南，在自家的教學醫院實習。

　　黃崑巖十分重視醫學教育品質，從課程、師資到空間籌建皆親力親為。他的教育理念召喚了許多海內外菁英在臺南落地生根，現任副總統賴清德即為當時從北部「南漂」求學的一員。

招兵買馬 延攬人才南下

　　成大醫學院暨附設醫院的成敗關鍵，在於創院元老群的素質。為了師資的招兵買馬，黃崑巖曾經飛到彼邦，為的是在聘請之前，和想到成大任教的老師見上一面，一探對方的決心。

　　1983 年時，他曾飛到柏林，面談了神經學科蔡景仁醫師，日後擔任成大醫學院與附設醫院神經科創科主任。在舊金山的觀光飯店，他面試了醫技系吳俊忠教授，後來成為醫技系系主任，更榮獲美國微生物學院院士。生理所任卓穎教授則是他從華盛頓特區打電話到美國西部德州，在電話裡談定聘用。1986年，他親赴美國匹茲堡大學，力邀李玉雲教授擔任成大醫院皮膚部首

1983 年 8 月 23 日，黃崑巖院長在成大行政大樓會議廳主持籌備小組第一次會議。

黃崑巖教授（前排左）陪同教育部部長蔣彥士視察科技大樓時期的學生實驗室。

任主任，同時兼任病理部主任、皮膚病理科主任。

黃崑巖也接觸了許多臺灣國內醫師，包括大部分的臺大老師。他風塵僕僕，在臺灣境內到處招兵買馬，卻深刻體悟到：要從臺北延攬知名教授到臺南任教，與從美國或海外各地回臺灣一樣困難。

然而，也有例外。如現已過世的高玲君教授，當時便勇敢地接受黃崑巖的邀請，從華府喬大到成大任教。另外，藥理所張文昌教授是創院以來首位獲頒中央研究院院士資格，以及已退休的生化所林銘德教授，還有很多其他的老師如蘇益仁、曹朝榮等，都是黃崑巖當年延攬到手的人才，爾後成為成大醫學院提升教學與研究品質的重要推手。

親力親為 堅持完美品質的保衛戰

黃崑巖工作態度認真嚴謹、不斷追求創新，最重要的是充滿了對社會的責任感。他立志做好每件小事，深信累積無數的小事，能成就不平凡的大事。

例如，他初上任時要求辦公室寄出去的信，不論是中文或是英文信件，皆不能有錯誤，展現了他做事嚴謹的態度。建築物興建的過程中，他要求樓層台階等高；實驗室櫃台不合規格變廢鐵，重新按照規格打造；打掉已灌好的泡沫混凝土外牆，改以普通混凝土取代；院內的柏油路面與路緣石堅固耐用、整齊美觀等，都是他追求完美品質的例證。對他而言，堅持完美，只是良心的表現。若主客觀條件下做不到的事，無可厚非，但可以做好而不去努力做好，幾乎是罪惡。

1985 年 2 月 15 日，規劃設計兩年多的醫學院與附設醫院終於破土動工。為了決定外牆磁磚的顏色和款式，黃崑巖曾兩度飛往德國確認 Annawerk 公司生產磁磚的品質，並學習貼磁磚的要領，回國後還親自為工人示範。雖然施工成品未如理想中平整，但成大醫學院的磁磚至今沒有一塊脫落。黃院長創立醫學院，親力親為、堅持完美的態度，由此展露無遺。

藝術陶冶 奠定醫學人文素養

黃崑巖是多才多藝的人文教育家，以「知識分子應該先做文化人，再做專業人」為理念。他重視醫學人文素養，創辦成大醫學院時，致力使成

左／成大延聘喬治華盛頓大學醫學院教授黃崑巖，自 1982 年 9 月 1 日至 1983 年 8 月 31 日，擔任成大醫學院籌備小組顧問兼執行秘書。創院時期的克難與簡樸，黃院長坐藤椅辦公，但需要兩支電話，可見有多忙碌。
右／成大醫學院啟用後，黃崑巖院長在新院長辦公室處理公務，16 載心力，野陌轉巍峨，白髮染青絲。

大醫學院成為南臺灣醫學與人文並重的搖籃。

　　他希望培養學生成為德術兼備的好醫師，並有豐厚的人文涵養。因為醫學不只是科學，也是一種藝術。因此，在成大醫學院各處，深刻刻劃他對醫學教育與醫學人文的期待。

　　從處處妝點的親筆書法箴言、成杏廳內琴韻繞樑的史坦威鋼琴，再到雕塑家余燈銓的作品「招弟」雕像，暗喻傳統社會重男輕女對母親形成一道枷鎖，也傳達對孕婦的憐惜及關懷。

　　在成醫圖書館一隅開闢特區，獲得武田藥品工業製藥公司贊助經費，故命名為「武田書坊」，專門收藏與醫學有關的歷史、倫理、哲學書籍、古今中外醫界偉人傳記、以醫學為背景的小說等，啟迪醫學生的心靈，也開拓教師或醫療工作人員對醫療知識的深度與廣度，彰顯成大醫學院獨特的人文素養，迥異於國內其他醫學院。

黃崑巖院長（右）親赴德國挑選、學習二丁掛磁磚的施工要領，成大醫學院的磁磚至今沒有一塊脫落，足見其親力親為、堅持完美的態度。

陶壁誓詞 實習醫師的起點

　　石泉廣場前的「陶壁誓詞」，巧思中承載了黃崑巖對學生的殷切期盼。由他親筆揮毫醫學之父希伯克拉底斯誓詞（Hippocratic Oath）的書法，再由美濃窯負責人朱邦雄依字帖燒成可長久保存的陶壁，藉以凸顯成大醫學院兼顧科學倫理與人文素養的特色。

　　在臺南韓內兒科診所院長韓良誠醫師支持下，陶壁誓詞於 1991 年 12 月裝竣。陶壁前的小廣場後來命名為「石泉廣場」，以紀念韓良誠醫師的父親韓石泉醫師，取其「志如磐石，操比清泉」之意。

　　黃崑巖叮嚀成大醫學院所有畢業生走出校門之前，再到石泉廣場前重讀一次醫師誓詞。而成大醫學系學生成為正式實習醫師前，也會在石泉廣

場，面對陶壁舉手宣誓，象徵將醫者神聖使命長久延續下去。

成為良醫之前，先做成功的人

　　國內學士後醫學系前幾年都是春季開學。1983 年成大醫學院成立，首屆學士後醫學系新生於同年 2 月入學。但成大醫院的工程仍緊鑼密鼓進行中，為了讓首屆學生在入學一年半內有醫院可進行臨床教學，黃崑巖北上拜託時任臺大醫學院院長暨臺大醫院院長楊思標，請臺大接納整班 50 名成大學生在其醫院上課。

　　第一屆學士後醫學系學生前一年半在成大上課，中間 3 年在臺大景福館上課，最後半年再回到成大，期間住在黃崑巖安排的市立陽明醫院宿舍。目前的景福館為臺灣醫學會辦公室。

　　1985 年 2 月到 1988 年 6 月這段期間，黃崑巖不但鞭策自己要照顧南北兩地學生的教育品質，更全心投入推動工程進行，務必在首屆學生進入實習醫師階段前，把離校寄讀的師生帶回臺南。遷返臺南的行動，在他心中逐漸成了成大醫學院的「出埃及記」，具體落實成大立志要照顧學生、

1991 年 12 月，「陶壁誓詞」藝術品揭幕，書寫陶壁內容醫師誓詞的黃崑巖院長（右一）與捐贈者韓良誠醫師（左一）合影。

上／第一排左起：楊俊佑、林其和、賴明亮、蔡景仁、林秀娟、黃崑巖、魏火曜、戴東原、林炳文、張智仁、陳誠仁、薛尊仁等，於 1985 年與成大第一屆後醫學系學生在臺大醫院旁的景福館前合影。除了見證成大與臺大醫學院兩院的深厚情誼外，黃崑巖院長帶領學生返回臺南上課，也成為成大醫學院「出埃及記」的經典傳奇。
下／黃崑巖院長在成大醫學院旗桿下親手植樹，成就百年樹人志業。

照顧病人的精神。

黃崑巖以「成為良醫之前，先做成功的人」（Before you become a doctor, become a man.）的精神，培育成大醫學院的學生。這句標語從此成為成醫師生們朗朗上口的格言、世代傳承的準則。許多人從大一開始就耳熟能詳，隨著人生歷練增加，愈能感受黃院長的叮嚀用意深遠。

| 歷史的聲音 |

黃崑巖院長教授醫學全球化的史實。

百年樹人 推動臺灣醫教改革

黃崑巖對臺灣醫學教育貢獻良多，自成大退休後，轉任國家衛生研究院繼續服務，1998 年代表臺灣赴美國華府，出席美國教育部「國外醫學教育暨評鑑認可審議委員會」（NCFMEA）公聽會。當時該會判定臺灣的醫學院評鑑標準與作法和美國醫學院的評鑑作業標準「不相當」（non-comparable）。

2000 年，黃崑巖協助教育部成立全國醫學院評鑑委員會（TMAC），建立定期評鑑制度、標準和執行程序，隔年開始對全國各醫學系進行定期評鑑，為臺灣醫學教育奠定重要的里程碑。2002 年 3 月，再次接受 NCFMEA 評議，終獲得與美國醫學院評鑑標準「相當」的認可。

2012 年 2 月 20 日，黃崑巖病逝於美國。他生前期盼成大醫學院畢業生，秉持創院理念，堅守崗位且要有「不想走完不啟程」的決心，是讓醫界後進景仰的典範。

黃崑巖院長期盼成大醫學院畢業生，秉持創院理念，堅守崗位且要有「不想走完不啟程」的決心，是留給醫界後進景仰的典範。

　　成大醫學院創院歷史時間短，在組織規模與畢業生人數上，與歷史較長的臺大、陽明、高醫等醫學院相比，仍有差距。不過，經過夏漢民、馬哲儒、吳京、翁政義等歷任校長支持，以及前院長黃崑巖領導，加上創院以來多位資深教授和教師們胼手胝足努力下，成大醫學院逐漸闖出名號，躋身臺灣最頂尖的醫學教育機構之列。

　　黃崑巖卸任後，由王乃三接任院長。他曾在美、加兩國待過 34 年，對北美 4、5 家醫學院的發展情況有相當程度的了解。在第四任院長林其和教授的印象中，王乃三為人低調，身為病理科醫師，即使任職成大醫學院院長期間，仍不減對病理專科的熱情，在院長辦公室內保留一台顯微鏡，一有空時就坐下來觀察顯微鏡下的病理切片。

日益茁壯　成立新科系所

　　王乃三就任時，成大醫學院原本有 5 系、10 個研究所、29 科，後來

相繼成立護理系、醫技系、物理系及職治系等 15 個碩博士班研究所。部分科系所雖然缺乏資深教師與資源，幸而有多位老師細心規劃與努力，得以日益茁壯。

1999 年，成大醫學院新設立了分子醫學碩士班、臨床醫學博士班與醫院的臨床研究部，由蘇益仁教授主持，執行兩院院長及委員會委託的任務，特別是協調跨科系所的研究。此三單位同時成立，一來是因科系所調整，資源與空間有限，二來是老師跨科系所支援，暫時也使用共同設備，所以由蘇益仁教授一人統籌協調，也符合王乃三院長重視臨床與基礎合作的本意。

在護理界，臺大與高醫不但已有十幾年的碩士班，更已有博士班。成大醫學院護理系碩士班經教育部奉准於 1999 年成立，首次招收碩士班學生，雖然成立時間較晚，但可提供該系畢業生繼續深造的管道，並藉此機會增加醫院護理部人員在職進修的機會，使醫學院護理系和醫院護理部融為一體，促進臨床與基礎合作，提升成大整體的護理水準。

在公共衛生方面，北部臺大、陽明均已成立公共衛生學院，成大醫學院公共衛生研究所碩士班新設系所案，經校方優先排序報部核定，以及公衛科第二任科主任陳美霞與多位老師努力多年，並在國際上有良好表現，於 2000 年成立碩士班，藉以提升南臺灣公共衛生的教學、研究及服務水準。此外，同年經教育部建議與校方同意，醫學系新生增收 20 名，共 70 名學生。

處理得當　安然度過危機

1999 年是成大的多事之年，6 月 2 日，成大醫院遭遇祝融，水電空調全斷，翁政義校長、王乃三院長迅速趕抵現場指揮，副院長、多位老師及同仁緊急應變處理，合力度過

成大分子醫學研究所成立，於 1998 年搬至統一健康大樓，右二為林其和副院長。

難關。附近的奇美醫院、省立臺南醫院（現為衛福部臺南醫院）、新樓醫院及臺南市立醫院也都伸出援手，協助度過危機，顯示成大平時與臺南醫界維持良好互動的關係。

1997 年行為醫學研究所成立，首屆學生合影。

成大醫學院實驗動物中心也因處理火災得當，損失輕微。不過，實驗動物中心頂樓兩部空調箱因日以繼夜地運轉及受到緊急發電機燃燒重油的影響，早已嚴重腐蝕，隨時有當機的危險。三台高壓滅菌鍋也因早期購置，無法取得原廠商認可的安全證明文件。幸經實驗動物中心主任施桂月日夜多方奔走，爭取國科會及校方經費，得以改善空調系統及汰換三台新的滅菌鍋，安然度過危機。

自 1988 年落成後，成大醫學院與附設醫院已啟用 11 年，祝融之災後更凸顯出成杏廳和其他場所漏水、部分硬體構造鏽蝕、監視系統、滅火及救生設備的缺乏，亟待經費支持來維護、加強環境的安全。在王乃三院長的領導，加上吳華林副院長、張敏政、許明隆及林其和主任等人努力奔走下，逐一克服與改善。

事實上，隨著成大醫學院師生人數增加，現有系館空間早已不敷使用。為配合各系所及學科未來發展，解決現有空間擁擠、嚴重不足等問題，興建第二研究大樓，早已成為成大醫學院下一階段的重要建設項目。

蛻變飛揚　提升師生研究水準

王乃三十分重視臨床與基礎合作，在他任內，成大醫學院教師升等的

論文經常發表於國際知名期刊上，不論是內容與結果都有嶄新突破，顯示成大逐漸有蛻變而飛揚的趨勢。

事實上，王乃三本人即使行政公務繁忙，仍不忘學術研究工作。自他返國擔任成大醫學院院長以來，已在世界著名期刊上發表 3 篇論文。創院至今，各科系所的資深教師們也都持續研究，並教導後進。

回顧 1999 年，成大醫學院在臨床與基礎方面均有豐碩的研究成果。根據成大研發處統計彙整各學院的資料中顯示，醫學院獲國科會或建教合作的計畫，無論在數目或獲補助金額，均較往年大幅成長；教師發表於 SCI（Science Citation Index）等期刊雜誌的論文，亦較往年增加。經由全體師生及同仁共同努力，成大已成為國內醫學發展不可或缺的一環。

小兒科黃朝慶等多位教授分別於 1999 年 6 月及 9 月連續在世界主要的醫學期刊《新英格蘭雜誌》（New England Journal of Medicine）上發表 2 篇論文，提升成大在國際學術界的地位。

無論是在教學、研究及服務上，成大都擁有國際水準以上的專業師資，包括病理科蘇益仁、藥理科張文昌和簡伯武、生化所吳華林、微免所黎煥耀、生理所潘偉豐、外科楊友任、泌尿科林信男、婦產科張峰銘，以及內科薛尊仁、張漢煜、張定宗、林錫璋等教授。

為邁向國際化及提升師生學術與研究水準，增進師生新知，王乃三鼓勵各科系所定期舉行各項研討會，並邀請國內外著名學者專家蒞院演講。例如，皮膚科李玉雲、許明隆、許漢銘教授主辦 1999 年皮膚科醫學會年會，邀請 10 多位美、日、德國頂尖教授來成大共聚一堂，探討 21 世紀全球最新診斷與研究成果。

成大醫學院多位教師在教育部、國科會、國家衛

2000 年細胞生物與解剖學研究所成立，圖為首屆畢業生合影。

護理系館前的雕像「招弟」，為藝術家余燈銓於 1994 年獲得臺中市露天雕塑大展銅牌的作品，2000 年立於系館大門口前，呈現出對孕婦的憐惜及關懷。傳說中，來成大摸一下孕婦的肚子，就可以入醫學院。現在還是有不少來推甄面試的同學，會這樣做。

生研究院、衛生署（現為衛福部）、環保署等單位中，參與高層次的決策群。譬如副院長張文昌擔任國科會毒理與藥理學門召集人，創院院長黃崑巖也到國衛院主導幾項全國性的政策，顯示成大醫學院經過十多年來的努力已逐漸獲得國內肯定。

王乃三也鼓勵在校同學從事研究工作。由內科教授黃建鐘及暑期學生研究委員會指導的研究成果發表會，同學們都有深度的研究表現。在 1999 年 Schering-Plough 暑期研究成果發表會上，成大學生也表現非常亮眼。

自創院以來，成大醫學院持續與外國醫學系學生互動進修。王乃三任內，為加強並擴大醫學生與國外大學的交流，成大醫學系課程亦部分調整、配合修訂，朝向達成國際一流大學醫學院的願景邁進。

醞釀教改　推動 PBL 學習法

已延續百年的傳統大課堂及師徒式醫學教學方法在主要國家的醫學院引發討論，醫學教育改革成為時勢所趨。王乃三任內，適逢臺灣的醫學教育也醞釀改革。

自 1999 年 3 月起，教務分處潘偉豐主任、學務主任林其和及賴明亮、薛尊仁等多位教授負責主持成大醫學院醫教改革，推動以問題為基礎的學習法（Problem-based Learning，簡稱 PBL），並配合小組教學。王乃三更率領林其和等人前往香港大學醫學院交流，了解 PBL 運作情形，再導入成大醫學院的教學與課程內容中。

小組教學是 PBL 的基本條件，PBL 指以病人病症為主的學習方法，其用意在於培養學生主動學習如何互相合作、蒐集資訊、找出問題癥結、徹

底了解病因、病狀演變、判斷需要做什麼檢查、決定治療方針、評估及追蹤治療效果等互動式的學習方法，多方面融合臨床與基礎醫學知識，演練如何與病人溝通及加強其他醫療護理人員的合作，並兼顧病人身體、心理、社會及倫理等實際問題。

從 2001 年開始，成大醫學院部分課程正式實施 PBL 小組教學方式。雖然 PBL 不可能完全取代傳統的大班教學，但王乃三期望所有師生都能融合臨床與基礎醫學知識，培養出可因應 21 世紀複雜醫療問題的專業醫護人員。

迎頭趕上　邁向國際舞臺

成大醫學院培養良醫的努力從未間斷。王乃三秉持創院以來的理念，先學做人，後做良醫，終身學習，追求卓越。在他領導下，教師們團結合作，提升學生的英文程度，加強醫學電腦資訊與人文涵養，融合臨床與基礎醫學知識，迎頭趕上尖端學問與研究，讓成大持續發揮影響力，在世界舞臺上佔有一席之地。

1999 年七年制醫學系首屆畢業典禮，自第一排左四起李伯璋、趙文元、王乃三、黃崑巖、賴明亮、林其和教授們與畢業生合影。

第三任院長宋瑞珍上任後，提出願景，期使成大醫學院及其附設醫院成為具世界水準的醫學教育機構。

出任院長前，宋瑞珍是美國史丹佛大學名譽教授，也是心臟內科醫師，專攻臨床心電生理學。1968 年，他畢業於臺大醫學院，在威斯康辛大學完成住院醫師訓練，並在邁阿密大學當過心臟病學研究員，於 1974 年成為該校教員。隨後轉到加州大學舊金山分校，在 1985 年升任正教授；1991 年受聘為史丹佛大學終身教授、心臟電生理學心律不整服務中心創辦人兼主任，直到 2000 年才返回臺灣，擔任國泰集團醫療執行長和交通大學客座教授。

創新示範 重建學術行政倫理

2001 年 7 月 1 日，宋瑞珍教授就任成大醫學院院長。同時，宋教授也被任命為大學醫學事務副校長和成大生物科技中心主任。在多重職責

中，他首先強調了學術行政倫理的重要性，接著闡述成大醫學院及附設醫院的定義與整體性。

對於醫學院發展，他認為，提升成大醫學院至國際水準，必須先重整學術倫理與醫學教育的連貫性，充實通識教育內涵與加強英文教學，整合基礎與臨床的醫學研究，發展成大生物科技中心，擴大校內外合作對象，特別是國家衛生研究院及中央研究院。

上任後建立兩大方向。一為學術研究的倫理，做學問的最基本要求，即是要有誠實性與可靠性。二是學術行政的倫理，具醫學院教授職的「醫院院長」必須對「醫學院院長」負責。成大醫院全名是成大醫學院附設醫院，代表醫學院院長也得對附設醫院的成敗負起責任。

他山之石 建立健全行政架構

高強校長任命宋瑞珍擔任副校長，這項任命顯示高強校長推動成大醫學院邁向世界級水準的決心。宋瑞珍參酌美國大學系統，建立成大醫學院行政系統架構。

在宋瑞珍領導下，醫學院與工學院、理學院密切合作，將醫學科學和生物技術提升至國際水準。他建立行政團隊，包括秘書（周碧玉、李美穎）、執行副院長（湯銘哲、吳俊忠），以及負責不同事務的副院長，例如教師事務（林銘德）、學生事務（林啟禎、何漣漪）、研究事務（黎煥耀）、教學課程（林其和）、總務（李益謙）、國際事務（蘇慧貞）、籌款（郭保麟）等。其中，黎煥耀教授曾擔任微生物及免疫學研究所所長，生物科技方面的發展，仰賴他、林銘德、湯銘哲與吳俊

2001 年 7 月 8 日，成大醫療服務隊前進高雄六龜提供服務，宋瑞珍院長到現場與學生同樂。

忠教授的建議。他們也都是推動醫學院改革的靈魂人物。

宋瑞珍於 2001 年至 2007 年任職兩屆院長任內，與管理團隊在醫學院和大學內完成了許多示範性和創新性項目。

學海無涯 推動教師培育成長

宋瑞珍上任後，積極推動教師培育及成長（Faculty Development）架構，並籌劃 2004 年 2 月教師培育及成長訓練營。為求公平起見，將教員升等辦法修正為三類，即「學術研究、教學服務或其他」作為評審重點，以利教師生涯發展。2004 年領隊到香港大學醫學院觀摩英文醫學教學，隨後簽署兩校教研合作計畫。

醫學院每年在校外舉辦教師靜修會（Retreat），彼此可以互相學習教學與研究。成立新的研究所，包括工業衛生學科暨環境醫學研究所博士班、口腔醫學研究所碩士班、物理治療學系研究所碩士班、健康照護科學研究所博士班、職能治療研究所碩士班、老年學研究所碩士班、臨床醫學研究所碩士在職專班等。

永不放棄 鼓勵學生圓醫療志業夢

宋瑞珍在醫學院開設每週一次的現場英語會話課程，每年暑假資助 30 名醫學生到美國醫學中心學習（如杜蘭大學、密西比大學、杜克大學等）。

2002 年，醫學系首次舉辦白袍聽診典禮，邀請臺大教授宋瑞樓演講。宋院長幫助學生將志工服務擴展至馬拉威等貧困國家，讓學生擴展國際視野。經何月仁老師幫助，重振醫學系校友會，鼓勵校友互相關心、造福社會。

宋瑞珍院長（右一）與李明亮教授（左一）邀請臺北藝術大學音樂研究所所長劉岠渭到成大演講，教導師生如何欣賞古典音樂。

成大醫學院第一次國際招生、設立國際部、聘請陳瑞楨助教。2004 年，來自索羅門的波波拉（Paul Bosawai Popora）進入成大醫學系就讀。但兩年吃盡苦頭，寫信給宋院長：「我想放棄回鄉去！」

宋院長立刻找他，以堅定的語氣鼓勵他：「你在這裡唯一要做的一件事，就是不要放

微免所教授何漣漪（右）的專長為細菌學，全心投入教學工作，積極推動 PBL 及醫學英文教學，於 2003 年獲頒優良教師獎，並由宋瑞珍院長親頒獎座。

棄！」受到院長鼓舞，波波拉重整心情迎接挑戰，原本想要當工程師的他努力朝向成醫之路。2014 年 7 月，波波拉從成大獲得醫學學位，隨即返回家鄉成為當地唯一的醫生，感念成大讓他實現幫助當地民眾的醫療志願。目前波波拉診所團隊已有三人，並設有內外兒科門診。

強化科研 打造良好研發環境

宋院長任內，積極尋求機會和國衛院及中研院合作，以擴增研究空間和師資，並提升研究環境。

2005 年，在蘇益仁教授協助下，成大獲得統一企業集團高清愿董事長的支持與捐款，成立國家衛生研究院南部臨床研究中心，並命名為「統一健康研究大樓」。2006 年落成啟用後，宋院長也在此時將分醫所搬入新大樓，自此為國衛院與成大合作開啟嶄新的一頁，也讓成大成為臺灣實力最強的感染症研究中心。

透過成大生物科技中心的機制，醫學院與理學院、工學院密切合作。宋院長提案將中心改造為新的生物科學與科技學院。經眾人努力下，教育部核准撥款新臺幣 8,000 萬元。新成立的生物科學與科技學院結合醫學、理學、工學等學院相關系所進行跨領域合作，加深及加廣教學研究能量。

此外，宋院長也與臺南市市長許添財共同舉辦音樂會，為醫學院募

款。另與臺南縣縣長蘇煥智協調，由臺南縣免費提供土地，在臺南科技園區建造橋式雙塔，以促進成大與中央研究院之間的農業研究。

在卸下院長一職前，宋瑞珍和湯銘哲副院長已籌款新臺幣 1,500 萬元，部分由台達電創辦人鄭崇華捐贈，用於醫學院內建造臨床技能訓練中心。

綠草如茵 定思園定靜安慮得

宋瑞珍剛到成大時，他想起史丹福大學有個 Dean's Courtyard，於是動念整建中庭，打造可供師生休閒與室外教學的園地。

他把這片綠地取名為定思園（Dean's Garden）。此名稱取自大學之道「定靜安慮得」的涵義，引申為「立定志向，思慮精詳，以臻至善」。而「定思」和「Dean's」在語音亦相近，所以命名為「定思園」。

定思園有木製甲板供教學及學生活動之用，周遭綠草如茵，種植各種花草樹木，有印度紫壇、筆筒樹、馬蹄花等，在微風中搖曳生姿。許多細微處可見其建造巧思，例如盞盞夜燈上掛著花籃，燈旁擺放舒適搖椅。若坐在搖椅上輕輕搖動，讓微風從耳邊吹過，傾聽小鳥啾啾的清脆叫聲，猶如置身歐洲小庭園。

以人為本 推動醫學人文素養

宋瑞珍認為，醫學教育以「人」為本，通識教育、人文藝術應為基礎，進而以研究、醫療服務為目標。人文教育就是人性（Humanity）教育，

左／宋瑞珍院長命名中庭為定思園。
右／宋瑞珍院長在醫學院開設每週一次的現場英語會話課程，於定思園親自教授醫學英文。

2002 年醫學系首次舉辦白袍聽診典禮，邀請臺大教授宋瑞樓（右上）演講。2005 年白袍聽診典禮，台上懸掛橫幅來自國外醫學中心的習俗，象徵醫學生邁出臨床醫療生涯中重要的第一步。

而人性教育應是生活教育，在生活經歷與學習過程中找到典範的示範及指導。宋院長曾說：「人文教育是沒有時間或階段性的，而它的精髓來自於現實生活中的個人經驗與典範。」

　　人文素養是醫學倫理的基礎，而醫學倫理是人文素養的極致發揮。為此，他保留醫學系前兩年執行醫預科的通識及博雅教育、設置藝術櫥窗、美化四樓行政區、油畫複製作品由奇美博物館捐贈、成立音樂讀書會等，將醫學人文素養推展至生活中。

　　醫學教育的目的在於培育和啟發學生成為醫術精湛、既有良心又有愛心的醫護人員，亦是終身好學的社會賢者。卸下院長一職後，宋瑞珍於 2007 年至 2012 年間擔任中央大學生物科技研究所講座教授，隨後退休並返回史丹佛大學至今。他重拾醫學生時代的攝影夢想，並架設教學部落格（rsung.org），鼓勵追求醫學生涯的青年學子終身學習、永不放棄。

薪火相傳 培育有使命感的醫界生力軍
2007-2013 第四任院長 林其和教授

　　成大醫學院的前三任院長均是海外延攬的人才。第四任院長林其和是成大醫學院創院以來首位由內部選出的院長，他見證成大醫學院從篳路藍縷到成長茁壯，對醫師養成教育有深切的期許。

　　林其和畢業於臺大醫學系，1977 年在臺大醫院當實習醫師時，黃崑巖教授正好應邀從美國回到臺大醫學院擔任客座教授。沒想到，此際遇埋下另一個契機。

　　歷經臺大醫院小兒科住院醫師、總醫師，以及沙烏地阿拉伯法赫德國王綜合醫院（King Fahad General Hospital）小兒科主治醫師工作後，1995 年林其和被黃崑巖延聘到成大醫學院任教，接著於 1986 年赴美到布朗大學研修新生兒醫學，1988 年回國並擔任開幕的成大醫院兒科部第一任主任。

　　第二任院長王乃三推薦林其和到美國進修醫學教育，第三任院長宋瑞珍任命他為成大醫學院教學副院長，接著兼成大醫院教學副院長，負責推

動師資培育與賦能,以及醫學教育改革。2007 年,林其和接任院長,續推成大醫學院教育再造的工作。

化被動為主動 點燃醫教改革之火

其實,早在 1970 年代開始,國際醫界就興起一股醫學教育改革的風潮。加拿大麥克馬斯特大學(McMaster University)醫學院開創以病人問題為導向的學習模式(PBL),捨棄傳統式的單向知識傳輸,轉由學生透過病人症狀主動發掘問題、尋求資源,以解決問題。儘管有些師生不習慣此教學方式,但開啟了另一波課程改革。這種由學生肩負起學習責任的方式,逐漸推廣至世界各地。

1985 年,美國哈佛大學醫學院創設「新途徑」(New Pathway)的醫學教育課程,引發了世界各國醫學教育新一波的改革熱潮。New Pathway 重點,包括提前讓學生接觸到臨床事務;縮短課程上課時數,改以小組討論方式,強調學生主動學習;提高社區醫學比例,培養具社區意識與全人醫療的醫師。

臺灣近代醫學教育源自於日式教育體系。自 1992 年開始,臺大醫學院教授謝博生參考 New Pathway 制度,擬定改革計畫,點燃了臺灣醫學教育改革的火花。2000 年,全國醫學院評鑑委員會(TMAC)對臺灣所有醫學院展開評鑑,促使各醫學院陸續加入教改行列。

成大醫學院也未置身於這股教改潮流之外,於 2000 年推動教改。2007 年林其和接任院長後,持續成大醫學院教育再造工作,其中醫學人文

2009 年,醫學院圖書館分館更名為崑巖醫學圖書分館,創院院長黃崑巖(中)在林其和院長(左)陪同下出席揭牌典禮。

課程改革計畫於 2008 年獲得教育部補助，並成為全國標竿；醫學系五、六年級臨床實務課程內容充實，也符合 TMAC 要求。在他領導下，成大醫學院臨床實務培育出來的畢業生於各醫院的表現頗受好評。

成功100 培養新一代醫界生力軍

國內醫學界自 2007 年開始正式規劃醫學教育從七年制改為六年制，醫學校院院長會議決定自 2013 年起，醫學系學制的修業年限全面由 7 年改為 6 年，而後醫系由 5 年改為 4 年。依規定，醫學系畢業生必須先通過國考，取得醫師執照，才能到醫院擔任一般科醫師，期間由 1 年延長為 2 年，經訓練且合格，才成為專科住院醫師。

當時，教育部透過臺灣醫學教育學會及全國公私立醫學校院院長會議，希望各醫學院藉此機會對醫師養成教育做適時檢討與調整。林其和出任成大醫學院院長期間，同時擔任新制醫學系課程改革小組召集人，完成全國新制醫學系課程改革計畫。

而他也在成大醫學院推出「成功 100」新課程規劃，透過院內討論與形成共識，將原有的醫學系課程加以調整，包括修改傳統以學科為主授（Discipline-based）的課程，採用整合基礎與臨床課程，並加強於臨床實習時有「實作」（Hands-on）照護病人經驗。

林其和認為，2011 年（民國 100 年）是一個很好的契機，所以稱為「成功 100」，既代表成功大學，又象徵新課程規劃圓滿成功。2011 年由成大醫學系先試辦，2013 年 9 月入學的六年制醫學系新生全面實施。「成功 100」是成大醫學院希望工程之一，將培育出新一代有使命感的醫界生力軍。

2011 年，第一次全國臨床技能總考評，美國西雅圖華盛頓大學醫學院院長 Paul G. Ramsey（右）蒞臨指導，與林其和院長合影。

「習醫之道」On Doctoring 引領學生提早接觸臨床事務

　　林志勝醫師負責推動「習醫之道」（On Doctoring）課程，將醫學人文融入臨床課程與實習中，並以「師徒制」方式，由臨床醫師帶領，建立醫學生的早期臨床接觸（Early clinical exposure）。On Doctoring 課程是「成功 100」的特色課程之一，一度造成風潮，不但成為臺灣醫學教育期刊封面，也吸引國內各醫學院人文課程爭相仿效。

　　On Doctoring 課程打破以往醫學系在大一到大四不太會接觸到病人的舊制。這門課安排每位學生分配到一位成大醫院主治醫師（學生稱之「師父」），讓學生有機會跟著師父跟診、巡房、進手術室觀摩，提早接觸臨床事務，暴露在

2009 年適逢 25 週年院慶，配合成大傑出校友鄭崇華先生（左四）的捐款，成大醫學院打造「國鼎臨床技能中心」正式啟用，提供逼真、安全、有效的學習環境，訓練與測驗醫護人員的臨床技術。

臨床環境中，藉由觀察、模仿、體會及典範學習，強化人文素養深度。透過固定一群老師的功夫傳授、學長姐與學弟妹之間教學相長，以及小組定期報告，使醫學生在五年級進入全面性臨床醫學學習之前培養主動學習、團隊合作精神，擁有足夠的基本技能。

　　因師生人數明顯增多，院方決定將師徒分成四組，各以「學堂」稱之，每個學堂有一位老師負責，稱為「堂主」。四個學堂的名稱及含意，分別是：「運璿學堂」為「不息的君子」、「國鼎學堂」為「國家之寶器」、「漢民學堂」為「華邦的傳人」、「崑巖學堂」為「峻嶺之基石」。

香火傳承　習醫之樹百年樹人

　　2012 年 2 月，黃崑巖病逝於美國。同年 3 月 30 日，成大醫學院師生於醫學院的前庭新植一棵「習醫之樹」（Learning Tree）。這棵樹名為法國梧桐，又名懸鈴木。相傳西元 2400 年前，「西方醫學之父」希伯克拉

底在此樹下為學生傳授醫學奧妙。

　　1971 年，美國某藥廠研究人員到希臘科斯島（Kos Island）尋找這棵傳說中的樹，結果在授課遺址附近發現這棵懸鈴木。研究人員將樹種帶回美國培育，之後每一所通過評鑑的美國醫學院都獲贈一棵樹種，種植在校園內，代表醫學教育品質合格的認證，也象徵西方醫學香火的傳承。

　　2000 年，王乃三院長推薦林其和赴美國布朗大學醫學院進修時，在校園中第一次邂逅這棵樹，他們將它取名為「習醫之樹」（Learning Tree）。

　　「十年樹木，百年樹人」。黃崑巖非常重視師生的人文教養，希望醫學院畢業生都是具有良知的醫護人員。為緬懷並彰顯他的理念「成為良醫之前，先做成功的人」，成大醫學院師生特別將這棵習醫之樹栽種在醫學院前庭，期待這棵樹為師生提供遮蔭，也成為成大醫學院的「鎮院之寶」。

　　英國詩人克莉斯緹娜‧羅塞蒂（Christina G. Rossetti）的詩描述：「當樹葉顫動、樹枝低下時，你才知道風正吹過。」風將不斷吹拂這棵習醫之樹，林其和希望經過樹下的師生們，當看到樹葉顫動、樹枝低下時，謹記黃院長所強調的教養理念及培養更多良醫的期許，提醒大家莫忘習醫初衷。

上／2012 年，林其和院長（後排右）為感念創院院長黃崑巖的德澤，在醫學院前庭右方植下「習醫之樹」，提醒師生們不忘習醫初衷。左起為成大醫院與醫學院的建築師許常吉、韓內兒科診所院長韓良誠，右為黃崑巖院長夫人謝惠美醫師及大女兒。
下／醫學院入口處右側旁的「習醫之樹」，歷經 12 年後，如今已長成枝葉繁茂的大樹。

等待維納斯　期許年輕一代青出於藍

　　林其和將 2007 年至 2013 年間院長任內的工作形容為「築夢工程」。

2009 年適逢 25 週年院慶，配合成大傑出校友鄭崇華先生的捐款，成大醫學院共斥資 2 千多萬元，打造「國鼎臨床技能中心」正式啟用，提供逼真、安全、有效的學習環境，訓練與測驗醫護人員的臨床技術，讓醫護人員實際接觸病人之前，就具備充分的臨床訓練，發揮卓越的專業能力。

2009 年，＜等待維納斯＞藝術牆揭幕，攝影大師柯錫杰（中）與醫學院院長林其和（左）、醫院院長陳志鴻合影。

　　在各築夢工程中，令林其和難以忘懷的是成杏廳前那一面「等待維納斯」牆，這也是 25 週年院慶紀念工程之一。2008 年底，在藝術中心蕭瓊瑞老師和時任院史委員會主委白明奇醫師引薦下，攝影大師柯錫杰先生同意提供其生平得意之作＜等待維納斯＞。柯錫杰好友鄭愁予老師正好在成大文學院擔任客座，聽聞此事，立即應允題一首詩與之相互輝映。短短 3 個月內，兩位大師的傑作如期於 25 週年醫學院院慶時在成杏廳前揭幕。

　　柯錫杰完成這幅作品的過程中，為捕捉最美好光影，耐心等候許久。林其和形容這正如教育家及產房接生者等待成果誕生的期待心情。成大醫學院每年開學和畢業典禮都在成杏廳舉行，教師迎接新生和期待畢業生的心情，宛如＜等待維納斯＞的創作過程，期盼學生能青出於藍勝於藍。這種人文素養和文化底蘊，正是黃崑巖創院以來一脈相承至今不變的理念。

先做文化人　再做專業人

　　林其和深信，人文素養與文化底蘊，透過老師們身教，代代相傳，學生會感受得到。有了醫學人文的基礎，才能培育出具有敏感度且懂得體諒病人的醫師，而非僅有醫療知識和技術的醫匠。這就是黃崑巖院長所言「先做文化人，再做專業人」的真諦。

築夢踏實 展現教學研究發展量能
2013-2019 第五任院長 張俊彥教授

　　成大醫學院成立 30 載，教學與研究能量逐年成長，已成為南臺灣舉足輕重的醫學院。緊鄰的成大醫院，縮短南北醫療差距，臨床服務與發展均不負眾望。

　　張俊彥教授接任成大醫學院第五任院長之前，原本擔任國家衛生研究院（簡稱國衛院）癌症研究所所長。2008 年，國衛院與成大醫院成立癌症研究合作病房，他就是幕後推手，此後一直扮演國衛院及成大之間合作的橋樑。

因緣際會　接任成大醫學院院長

　　張俊彥是臺北出生、長大的臺北囝仔，從來沒有離開過北部，更沒想過有一天會到南部工作，結果卻因緣際會當選成大醫學院院長。醫學院校友們可能對張俊彥院長較不熟悉，但其實他是臺南女婿，妻子的娘家在臺南。

　　2006 年 11 月，國衛院南部臨床研究中心—統一健康研究大樓啟用。

該大樓的興建始於國衛院與成大醫學院的合作，1、2樓由國衛院癌症研究所進駐。2007年，國衛院院長伍焜玉徵詢張俊彥南下到癌症研究所工作的意願。張俊彥不假思索，爽快答應，沒想到一去就是13年。

2013年，他擔任國衛院癌症研究所所長時，在某個場合巧遇成大醫學院基礎醫學研究所賴明德教授。那時恰逢成大醫學院院長遴選作業正在進行中，賴明德主動詢問：「張所長，你要不要來參選成大醫學院院長？」

張俊彥心想，自己和成大醫學院的淵源不深，認識的人屈指可數，於是當場不置可否。之後，賴明德託人繼續前來勸說，那人就是現任成大校長沈孟儒，時任藥理學研究所教授。

在沈孟儒遊說下，張俊彥決定試試看，趕在最後一天送件，結果竟然選上了，而且一做就是7年，包含成大醫學院院長兩任任期及成大副校長一年半。2013年至2019年，張俊彥擔任院長期間，沈孟儒成為他的最佳拍檔，接掌成大醫學院研究副院長。

卓越有成　教學研究服務量能提升

在張俊彥看來，成大醫學院要追求教學卓越及研究卓越。在教學方面，成大醫學院的優勢是創院院長黃崑巖延攬許多優秀人才，經過多年累積後，在神經學、藥理學、感染學等領域均表現優異，期能將這些研究成果傳承下去，帶領醫學院在既有基礎上向上提升。

在研究方面，首先要延續過去歷任院長的努力，爭取並完成第二研究大樓興建工程，讓醫學院有足夠的研究空間，以利延攬更多人才。其次是臨床醫學和基礎醫學必須相互為用，以利發展。

張俊彥是臨床醫師，做過基礎研究，也整合過跨領域的研究團隊。過去他在國衛院癌

2013年，張俊彥教授（左）、楊俊佑教授（中）接任成大醫學院院長、醫院院長，時任立法院院長王金平蒞臨致詞。

症研究所所長任內,與成大醫院密切合作,上任後全力推動成大醫學院與附設醫院的人才整合及跨院際合作,希望結合兩院研究優勢,激發新的創造力,擴大研究能量,讓優秀教師的研究成果能永續發展與傳承。

身為國立大學醫學院及醫院,成大應肩負治療重大疾病的責任與使命,並將基礎研究成果轉譯到臨床上發展新治療方法。以登革熱與腸病毒研究為例,成大醫學院對社會和國家已有卓著貢獻,期許未來在更多研究領域中也能扮演領頭羊角色。

苦盡甘來 第二研究大樓開土動工

由於系所增設、師生人數逐漸成長,空間不足問題日益嚴重,醫學院成為校內最擁擠的學院。

2007年,林其和接任院長,隨即著手籌劃並尋覓可用空間。位於成杏校區的水利工程學系水槽基地是校區內尚未有建築物的完整土地。水利工程學系水槽建於1979年,啟用時雙方曾簽署保留成杏校區為醫學院用地。

2007年,成大水利及海洋工程學系教授黃煌輝接任副校長,發現醫學院用地有行政簽署問題,在成大主管會議提出並至醫學院查證,確立此塊土地使用權,正式回歸醫學院教學研究之用。

2009年,醫學院提案新建研究大樓,但經費需求及規模過於龐大,推動困難。2011年,黃煌輝接任成大校長。2013年8月1日,在黃校長監交下,張俊彥、楊俊佑兩位教授分別接下成大醫學院院長、附設醫院院長職位。當時,黃校長即指示要積極推動興建第二研究大樓。

經全盤考量後,醫學院重新修正內容和經費,簡化建築規模,降低建築經費,新規劃以8.4億元興建地下

2018年8月3日,醫學院舉行第二研究大樓新建工程動土典禮,蘇慧貞校長主祭。

2 層、地上 11 層的醫學研究大樓，最終在 2014 年 6 月校務會議決議通過。第二研究大樓為臺灣生醫卓群中心（Center of Biomedical Excellency & Synergy in Taiwan，簡稱 Best Center），總經費 8.4 億元中，成大校方資助 3 億元，成大醫院提撥 3 億元作為臨床醫學合作研究經費，其餘 2.4 億元由醫學院負責募款及爭取教育部經費。

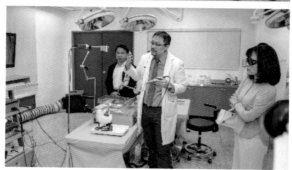

上／ 2016 年 10 月 3 日，時任臺南市長賴清德校友（右三）及林俊憲立委（右二）協助，邀請教育部長潘文忠（中）率同司長李彥儀蒞院視察地震災情。張俊彥院長（左一）趁此機會向潘部長表達高齡醫學整合性研究與人才培育的重要性，獲得潘部長允諾支持建案經費。
下／ 2018 年 2 月 27 日，醫學院成立臨床手術技能發展創新教室，透過模擬手術的練習和課程，為醫學生、專科護理師、住院醫師和主治醫師提供全方位的教育訓練。

此方案報教育部後，於 2015 年 9 月獲行政院同意核定，但教育部並未核撥經費。張俊彥開始奔走募款，積極尋求企業家贊助，同時也向校內和院內發起募款。然而，募款成果不如預期，眼見自籌款仍遙遙無期，壓力之大可想而知。

2016 年 2 月，臺南大地震，院內建築多處受損，又需一大筆經費修復，對醫學院經費需求可說是雪上加霜。然而，危機就是轉機。2016 年 10 月，時任臺南市長賴清德校友及林俊憲立委協助，邀請教育部部長潘文忠率同司長李彥儀蒞院視察地震災情。

張俊彥趁此機會向潘部長表達高齡醫學整合性研究與人才培育的重要性，獲得潘部長允諾支持建案經費。2017 年 3 月，在成大校長蘇慧貞及行政院秘書長陳美伶協助下，行政院同意核撥籌建經費 2.4 億元。經費問題終獲解決。

2018 年 8 月 3 日，醫學院舉行第二研究大樓新建工程動土典禮。歷

經 3 任校長、2 任醫學院院長努力，以及時任行政院院長、現任副總統賴清德等各界在經費上支持，師生期盼已久的第二研究大樓終於開工興建。完工啟用後，將聚焦在高齡醫學相關研究，並結合成大校本部、醫學院及成大醫院資源與臨床經驗，進行跨域醫療技術開發與應用研究，加上即將設立的成大老人醫院。未來，成大可謂臺灣高齡醫學重鎮，引領智慧跨域老年醫療先鋒。

攜手合作 爭取老人專科醫院設置

2006 年，成大醫學院老年學研究所成立。當時，教育部決定把國內第一個老年學研究所設於成大，幕後推手是臺南市韓內科小兒科診所韓良誠教授。他積極推動成大醫院設立老人專科病房、訓練老人專科醫師。

因應臺灣已進入高齡化社會，張俊彥與楊俊佑兩位院長攜手合作，爭取老人醫院的設置。2016 年 2 月，準總統蔡英文首肯在成大設立老人醫院。2017 年，甫上任的行政院長賴清德拍板定案，開始規劃全國第一家國家級的老人專科醫院，預計於 2025 年開幕。

楊俊佑規劃老人醫院時，提出 400 多床的床位數規模。2019 年 8 月 1 日，沈孟儒教授就任成大醫院第 8 任院長。當時，老人醫院的定位引發討論。張俊彥主張其定位應為「成大醫學院附設醫院的院中院」，以便未來總院所有的人力、物力及財力都能提供支援。

2021 年 10 月 22 日，成大醫學院附設醫院老人醫院暨高齡醫藥智慧照護發展教育中心舉行動土典禮，蔡英文總統親臨主持。張俊彥認為，因應臺灣人口高齡化，成大能設立國內首家老人醫院，楊俊佑院長居功厥偉，若沒有他的遠見及雄心壯志，老人醫院將無法推動成功。

成立牙醫系 滿足南部民眾口腔醫療需求

張俊彥接任院長後，隔年藥學系成立，卻苦無系館可迎接第一屆新生。眼見即將開學，張俊彥與藥學系第一任系主任高雅慧急得像熱鍋上的螞蟻。幸好在楊俊佑院長協助下，在醫院大樓找到棲身之所，讓學生得以

先上課。

2019 年，成大醫學院歷經 35 年發展，已由原來的 1 系（醫學系）擴展到 6 系（醫學系、藥學系、護理系、物理治療系、職能治療系、醫學檢驗生物技術學系）。

在教育部高教司全力支持下，成大醫學院於 2019 年成立牙醫學系，希望結合既有的口腔醫學研究所，以及成大醫院口腔醫學部，培育口腔醫學專業人才，提升教學研究量能，滿足南部民眾口腔醫療需求。

牙醫學系猶如成大醫學院「習醫之樹」上的新嫩「牙」，為南臺灣第一個公立的牙醫系所，也是國內最年輕的牙醫學系，距離上一個牙醫系所成立已經 40 多年，具有時代意義。

不過，牙醫學系剛成立時，同樣面臨無系館可用的窘境，讓張俊彥頭痛不已。

2015 年崑巖書房揭牌儀式，左二起為韓良誠、張俊彥、蘇慧貞、楊俊佑。

幸而他在成功校區近小東路校門處看到舊生科大樓，向蘇慧貞校長爭取作為牙醫學系系館。

在校方與各界支持下，牙醫系館整修落成，於 2021 年 1 月 16 日舉辦牙醫學系暨口腔醫學研究所系館揭牌典禮，讓成大牙醫學系這抹綠芽，茂密茁壯、卓然成蔭，培養學生未來成為德術兼備的專業口腔醫學精英。

黃煌輝校長曾對張俊彥院長耳提面命：「醫學院的研究品質良窳，將影響整間大學的聲譽。未來，成大的國際聲譽，將仰賴醫學院的研究發展。」張院長對這句話謹記在心，致力提升醫學院的研究水準，相信透過跨院際、跨科技的合作，醫學院未來的研究發展將更為寬廣與前途光明。

任重道遠 引領成醫再創輝煌高峰
2019- 迄今 第六任院長 沈延盛教授

一步一腳印,轉眼間,成大醫學院已成立 40 載。無論在平衡南北醫療落差或推動醫學教育,成大醫學院的創立,均深具改善健康不平等與作育英才的時代意義。

在歷任院長中,現任院長沈延盛的學經歷相當特殊。從 1988 年 9 月踏進成大醫學院大門,就讀學士後醫學系那天起,36 年來全都待在成醫體系打拚,不是在醫院,就是在學校,見證成醫體系從草創邁向成長的過程。

2019 年,他接掌成大醫學院第六任院長,首先希望改變臺灣醫療資源集中於北部的局勢,透過整合院內資源、更新儀器設備、提升教學與研究水準,期使成大醫學院能與北部的國立大學醫學院相抗衡,未來有朝一日更能成為全臺、乃至全世界生技醫療的新標竿。

培育良醫 成立人文暨社會醫學科

成大醫學院是國家級大學附設醫學院,肩負教育、知識傳播、研究的

責任，自創院以來即重視且推行醫學人文社會教育。人文素養、思辨與分析、觀察力與人際互動，均是醫師專業能力的重要元素。醫師在醫治病人時，不僅需要了解生理和病理，也必須了解病人所處的文化與社會，方能成為良醫。

在教育方面，沈延盛上任後，延續創院院長黃崑巖念茲在茲的創院理念：成大醫學院不只培養具備專業醫學素養的學生，也在乎學生是否具備人文素養、能關懷他人、了解社會，並將人文與社會知識運用於醫療專業及臨床。

沈延盛認為，醫學是一門關於人的學問，雖然專精在治病，但面對與服務的對象是人，必須提供以人為本的醫療服務。因此，他在成大醫學系播下兩顆種籽，一為人文暨社會醫學科，二為高齡醫學學科，不只是醫學系學生必修這兩門學科，未來希望可以擴大到醫學院其他系所學生。

2021 年 8 月 1 日，成大醫學系成立人文暨社會醫學科，負責推動醫學人文教育，培養學生人文素養、思辨分析能力，也能觀察社會與人際互動，成為能兼顧病人、了解文化與社會等面向的良醫。另也期盼人文暨社會醫學科的成立，能協助建立生物醫學與人文社會科學之間的連結，為醫學教育注入更多能量。

超前部署　新設高齡醫學學科

臺灣將在 2025 年邁入超高齡社會，高齡照護醫療需求成為全國關注議題。為積極回應超高齡社會需求，成大醫學院於 2021 年 10 月 21 日在成大醫學系下新設高齡醫學學科，未來將開設高齡醫學、長期照護、轉譯醫學、安寧療

2023 年 2 月 20 日社團聯展，沈延盛院長與成杏合唱團團員玩遊戲並抽獎，露出開心的笑容。

護、健康老化等相關課程與學程，重點培育全校暨全臺高齡醫學專科醫師

2023 年 8 月 3 日，成大醫學院舉行生醫卓群大樓啟用典禮。左起：臺北醫學大學臺北癌症中心院長張俊彥、成大醫院院長李經維、成大醫學院院長沈延盛、成大校長沈孟儒、成大前校長蘇慧貞、成大基礎醫學研究所所長蔡少正等共同啟動，與現場賓客一起見證醫學院邁入新篇章。

與相關醫事人員，為成大醫院於 2025 年即將開幕的老人專科醫院超前部署優質人才。

沈延盛分享當初設立高齡醫學學科的原因，以及醫學院未來對高齡醫療的規劃。他認為，臺灣邁入超高齡化社會是必然結果，必須有一個專門的學科，培養高齡醫療人才，才能因應未來醫療趨勢。

小兒科主要照顧 20 歲以下兒童及青少年，高齡醫學科的服務對象則是 60 歲以上長者。他期許，在未來的醫療體系中，高齡族群能與未成年族群一樣獲得對等的關注。因此，成大醫學院規劃將設立高齡醫學研究中心，並分為三大面向，包括：高齡醫學的訓練與人才培養，有關高齡人口所需要的醫材、相關輔具等發展，以及高齡人口與醫院、社區的完整照顧系統。

高齡醫學學科首任主任由盧豐華醫師擔任，成立初期雖尚未有空間及師資名額，但成大醫學院已規劃在部分學科搬遷到第二研究大樓後，給予寬敞的空間。未來將至少提供 3 名專任教師員額，開設高齡醫學相關課程及學程，肩負培育高齡醫學人才與知識推廣，也將對全校師生高齡醫學知識提升有所貢獻。

「On Doctoring」課程曾獲得極大成功，過去僅在成大醫學系進行，未來將推廣至醫學院各系所，促進醫學院所有學生早日了解照顧老人可能面臨的課題。

急起直追　更新儀器設備不輸北部

成大醫學院及其附設醫院是嘉南平原上唯一的國立醫學中心，除了執行「急重難罕」醫療業務外，更肩負培育醫學人才，開創新領域、新技術、新醫療研發，以及執行尖端臨床醫療的永續任務。

沈延盛接任醫學院院長後，致力於擴充院內軟硬體設備，投入新領域研究開發，提升師資與研發能力，期使成大醫學院能急起直追，不落後於北部的國立大學醫學院，甚至可與之匹敵。

藉由歷任院長協助，成大醫學院創設 40 年來唯一的新建工程「醫學院第二研究大樓——生醫卓群大樓」於 2023 年 8 月 3 日舉行啟用典禮。地上 11 層的大樓是教學場所，將有全新的教學與研究空間可供師生使用。無論是教師的研究計畫或新的儀器設備，都需要經費支持。除了教育部核撥 7 千萬元經費外，沈延盛接任院長以來，也積極募款，想盡辦法更新成大醫學院核心實驗室的儀器設備，提升研究水準。

結合 AI　虛擬實境導入醫學教育現場

將人工智慧（AI）科技導入醫學教育現場已是國際趨勢，成大醫學院積極布局前瞻顯示科技於醫療教學領域。配合教育部高等教育深耕計畫，在沈延盛擘劃下，成大醫學院於 2020 年 6 月成立人工智慧虛擬實境教室，融入虛擬實境（VR）、擴增實境（AR）、混合實境（MR）技術於教學中，提升學生學習成效。

無論是醫學、護理、職能治療、物理治療，甚至藥學系，人體解剖是成大醫學院學生共同必修課。近年來，大體老師受到疫情影響而難以取得，加上虛擬實境技術蓬勃發展，人體影像解剖桌、虛擬實際手術模擬等教學系統相繼推出，不但以立體方式呈現原本複雜的解剖構造，允許學生

由各角度學習特定構造的位置及走向,同時可模擬手術及侵入性治療的過程,為醫學教育奠定更良好的基礎。

因應人工智慧虛擬實境教室啟用,成大部分

2020 年 6 月 24 日,成大醫學院院長沈延盛(左)與嘉義基督教醫院院長姚維仁簽署合作意向書,以期彼此分享資源、促進醫學研究與臨床應用,為兩院帶來更好的發展。

系所教師及臨床醫師也自行開發、設計多種教案。為鼓勵教師或醫師們開發教案,沈延盛考慮把教案視同論文,作為教授升等的標準之一。另輔以院內公開表揚、獎勵機制,鼓勵各學院老師跨域合作、求新求變,為臺灣醫學教育現場注入創新動能。

醫學教育導入 AR/VR 科技的另一好處是,可呈現出難以想像的情境,提高學生的學習效果。未來,成大醫學院將舉辦 AR/VR 教案競賽,增進師生對 AI 科技知識的應用。

創新開發 研究與教學相輔相成

醫學本質為教學、研究、服務三位一體。在啟用的生醫卓群大樓中,由沈延盛擘劃的創新醫材暨診斷醫學平台/比較醫學中心將致力開發新型醫材及利用 AI 架構未來診斷與治療的醫學模組。

醫學院與臺南獸醫體系成立全國唯一的世界級比較醫學中心,由沈延盛擔任第一任主任,研發成果可應用於中型動物測試,能有效縮短醫材和新藥開發上市時程。腸道菌相核心實驗室將與比較醫學中心配合加以驗證,成果可技轉產業界應用於人醫及獸醫,將是全國第一個結合菌種及其相關代謝物與身體各器官的連結,並以模組化進行量產的研究開發單位。實驗動物用功能性磁振造影,全國首創將實驗動物用功能性磁振造影技術

用於結合基礎醫學與高齡醫學研究，針對高齡化的人口結構和疾病發展，提出實證影像醫學。

同樣設於生醫卓群大樓的細胞治療暨再生醫學中心，將結合成大醫學中心和產業界進行臨床驗證，並與英、美、日著名大學合作開發新治療方法，持續與國際接軌，將成大醫學院發展成亞太細胞治療及再生醫學的研發重鎮。

立足成大 持續與國際接軌

歷經 40 年歲月淬鍊，成大醫學院發展出醫學人文與科技並重的特色，培育出具人文素養的醫療專業人才，展現出人性的關懷，對社會及國家有高度貢獻。

積極提升學生的國際觀和外語能力，是當前醫學院教育的重要任務之一。事實上，在前校長蘇慧貞注重國際交流下，成大醫學院的國際學術交流比例在校內各院中名列前茅，不但鼓勵國內學生出國參與交換學生計畫，更培育出許多優秀的國際生，例如護理系培養的國際博士生返回東南亞國家後，都能任職高位。

上／2023 年 8 月 4 日，成大醫學院舉辦「漢民講堂」揭牌儀式暨「當行的路」特別座談會。沈延盛院長感謝夏漢民校長早期的眼見與胸懷，造就如今的醫學院。
下／2023 年 8 月 4 日，成大醫學院舉辦「漢民講堂」揭牌儀式。左起：成大醫院院長李經維、成大中文系教授陳金雄、成大名譽教授陳志鴻、成大名譽教授林其和、成大校長沈孟儒、夏漢民校長夫人王壽美女士、成大醫學院院長沈延盛、中研院院士張文昌、成大統計系名譽教授楊明宗、成大醫學院行政副院長許桂森等共同揭幕。

在沈延盛院長領導下，成大醫學院將積極與國際合作進行醫學教育及研究計畫，期能站在世界的前緣與前人的肩膀上前進，持續培育未來醫療人才，邁向另一個嶄新的里程碑。

第二篇
成德育人：典範人物

從典範人物的研究點滴與生涯歷程，處處展現教授們
對研究的熱情與不凡的成就，除了傳授高度專業的醫
學知識外，更加強調醫學倫理和人文關懷，讓學子們
了解醫學不僅是一門科學，更是一門藝術。

臺灣第一所老人醫院的推手

韓良誠

1960 至 1980 年代，當時臺灣醫療不發達且公共衛生環境也不佳，是一個「疾病以感染症為主，醫師也同時要在貧窮與不衛生的環境下所衍生的疾病一起奮戰的時期」，當時感染以病毒、細菌及寄生蟲為主。

當年，韓良誠醫師雖然是「基層內科醫師」，卻執行過不計其數的「開小刀，醫大病」。在韓醫師剛開業的 1963 年代，臺南地區的基層開業醫師遇到「特殊」且嚴重的病人沒有適當的後送醫院可轉送情況下，韓醫師不得不以「捨我其誰」的態度處理重症病人。

當年在臺南基層醫師之中，他很敬重余獻章醫師。當時開業不久，遇到第一位診斷為肝膿瘍的 6 歲女孩時，他請外科前輩余醫師前來 stand by，大膽地完成醫師生涯中第一次成功地引流出 80 至 100CC 的肝膿瘍體液，使余獻章大為驚訝，稱讚不已。

做寄生蟲檢查，特別是阿米巴原蟲，需要新鮮的大便才能檢查和診斷。為求慎重，韓良誠會在病人的同意下戴手套親自挖糞採樣，有時還會用顯微鏡作尿液、痰，以及注射筒的抽取液或開刀的引流膿液等檢驗。

除醫治病人外，他也積極為茫然無知的病人進行衛生教育。韓醫師不僅診治病人，也為醫生與病人關係注入了最重要的人性溫度。在當時公共衛生與醫療水準不佳的環境，他堪稱是一位基層醫師身分投入公共衛生及治療臺灣諸多感染症的醫療典範。

南部臨床醫師在職教育

1980 年代，臺灣醫療環境不佳，且醫師分布以北部為主，醫師的再教育制度不完整，很多病人為治病，需長途跋涉北上求醫。韓良誠為增進南部醫師診治能力，進而解決臨床上常碰到的困難疾病，於 1985 年主動拜訪臺大醫院院長楊思標，商請胸腔內科陸坤泰教授、心臟內科曾淵如教授特別南下，每月一次在當時的省立臺南醫院，為南部醫師做 CXR 和 EKG Reading 的臨床教學及學術演講。這可能是臺灣南部有史以來首開先例的正式臨床醫師在職教育，目的是要提高醫師診治水準，進而保障民眾健康。

守護婦幼殘疾弱勢族群

婦幼殘疾是社會醫療中最常見的病人，所以韓醫師在 1972 年積極參與臺南市與全國「非以役人，乃役與人」的 YMCA 社會服務工作，1979 年擔任 YMCA 臺南市協會理事長、1994 年擔任 YMCA 全國協會理事長、1998 年協助承辦公辦民營兒福中心，及以融合理念辦理的示範托兒所，收托包含發展遲緩、自閉症等弱勢兒童。2006 年，他更籌募 1 億元興建老人養護中心「德輝苑」，開啟 YMCA 在臺南的老人養護工作。

南部民眾的隱形守護神

1970 年代，大部分醫院因為設備不足以照顧急重症病患，南部病人必須北上求醫。韓良誠為了減少急重症病患長途跋涉之苦、之險，特別於韓內科診所內設置 10 床加護病房（ICU），讓他們獲得 24 小時的加護照顧。在成大醫院尚未創建前的 1973 年至全民健保開辦後的 1997 年，24 年間，診所 ICU 的佔床率一直維持在 8 成以上。

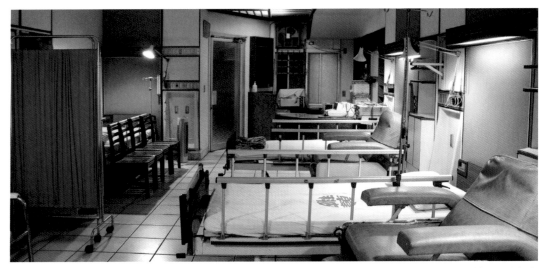

在臺灣南部沒有加護病房的年代，韓良誠醫師託人從日本買回 ICU 建築用的設計書當作參考資料，親自設計 ICU 病床，1973 年起 24 小時守護臺南鄉親的生命與健康，直至 1995 年開辦全民健保後兩年結束。

　　韓醫師更盡可能地查證最新的醫學期刊等資料，將病患最終的診斷寄送給轉介醫師，善盡醫學知識交流與守護病人的責任。有一年他更回函高達 276 個病例，這個當年獨一無二的「醫學中心級診所」深深感動了時任臺大醫學院院長謝博生，韓院長也接受謝院長之請，代訓臺大見習醫學生共 155 位及年輕醫師，時間長達 12 年之久。

　　2020 年，臺大醫學系五年級學生許雋和、吳崇安在一封對韓醫師的感謝信中表示：「韓醫師讓初踏入醫學的我們學習到從醫時如何保有真誠的關懷。他慎重地面對醫療志業、洞察回應時代需要、關懷人心，並珍惜與病患的連結。」

　　自成大醫學院籌備階段開始，韓良誠便積極協助並兼任教師。在成大醫院開幕初期，因各科系未有足夠的教職員，他熱心擔任醫院兼任急診部主治醫師，迄今數十年如一日。他不但是備受後輩醫師推崇的良醫及良師，對全臺的醫學教育貢獻不凡，可說是南部民眾健康的隱形守護神。

熱心推動醫學人文教育

　　醫術的確是治療病患的基礎，但沒有人文關懷的醫師恐將流為醫匠。1991 年，成大醫學院創院院長黃崑巖為了強化醫學人文教育，將「醫師誓

詞」貼在醫學院圖書館入口處，作為時時提醒醫師的教育。韓良誠認為這個想法和他的父親韓石泉先生畢生職志完全一致，於是一口答應全額負擔。

在完工後，黃院長便以韓醫師的父親之名，取其「志如磐石，操比清泉」之意，命名為「石泉廣場」（位於醫學院圖書館旁），使事先不知情

```
        ■■■ 醫師鈞鑒：
        承蒙台端介紹病人前來本院診治，特致謝意，茲將其診斷，檢查結果及治療經過
    簡述如下，敬請指教，並供參考：
    姓     名：■■■ （■■■）年齡：■■ 歲     月 病歷號碼：■■
    入     院：民國 79 年 2 月 15 日     出院：民國 79 年 2 月 21 日
    診     斷：1. Upper G-I bleeding
               2. Chronic alcoholic.
    主     訴：Hematemesis and frequent passage of tarry stool for
               2 days.
               Apprehension and restlessness were noted shortly before
               admission.
    理學檢查：Acutely ill , in restless state.
               BP 100/62 mmHg  Pulse 88/m, thready.
               Diaphoresis but no cyanosis.  Icterus of sclera doubtful.
               Spider angiomata at upper chest wall
               Petechiae visible here and there.
               Heart:  Soft systolic murmur at apex but distant.
               Lung:  Clear
               Abdomen:  Mild ascitis demonstrable but no dilated
                         superficial vessels.
                         Hepatomegaly 1 fb.  Spleen tip palpable.
               Ext:  Pretibial edema (+)
               Digital exa.:  External hemorrhoids visible.
                         Tarry stool over glove but no palable mass.
    檢驗結果：CBC:  Rbc 2.69 M  Hb 7.8 gm%  Wbc 9700  Plat. 209820.
               LFT:  Bilirubin 0.48/1.0  A/G 3.3/5.7  GOT/GPT 23/22
                     Alk-P 81  HBsAg(-)  AFP(-)
               BUN 28  UA 12.7  TG 154  Chol 135  Sugar 128 mg%
    治療及經過：The patient was admitted to ICU immediately after
               arrival.  An i.v. infusion was begun immediately
               through a large caliber needle.  6 units of packed-
               Rbc and 300 cc of fresh whole blood were transfused.
               Calcium gluconate was given after every 3 units of
               packed-Rbc infusion.  Then the venipuncture was kept
               patent with 5% Glucose with Vit-K-1(20 mg q.d. ),
               Cimetidine and Pirenzepine dihydrochloride.
               Vital signs were checked frequently until they
               became stabilized on the 3rd day.   No continuous
               gastric suctioning was done because of incooperation.
               Oral drug therapy with Aluminum and Magnesium
               hydroxide was also done.   The stool color changed
               to yellow on the 3rd day of admission.
               Endoscopic study, or even Upper G-I Ba-meal study
               was refused by the patient.  Although a normal GOT is
               is considered by most to be adequate in considering
               esophageal varices unlikely as a source of bleeding
               , howevere, reversed A/G ratio, ascitis, petechiae,
               and longstanding alcohol consumption in this case still
               suggested that the bleeding was from varices.
    Since there is a higher incidence of peptic ulcer in the patient
    having impaired LFT than in the population at large, so that the
    treatment of peptic ulcer was           主治醫師：
    also given to him.  He was discharged on March 4 without further OPD
    follow up, though he was motivated to follow a treatment plan that may
    prevent recurrence of bleeding.   Since he was a alcoholic patient
    before onset of PI special consideration for psychiatric care and D.C of
    tabacoo and wine were also explained to the patient and his wife.  Thanks!
                                        79 年 4 月 2 日
```

1990 年，韓良誠醫師寫給轉診醫師的回函，仔細交待該名肝昏迷的病人處理經過，並提醒轉診醫師記得轉告與衛教病人及其妻子，要病人徹底戒菸戒酒。處處展現韓醫師謹慎行醫及深切關懷病人的用心。

的韓醫師大感意外，但也很感謝黃院長如此命名的好意。藉著陶製醫師誓詞石壁，將神聖的醫者使命，傳承給每位許諾獻身的醫療人員。

深具高齡醫學先知灼見

隨著醫療進步，民眾健康獲得改善，人民的壽命將大幅延長。韓良誠具有先知灼見，看到高齡者的未來醫療照顧問題。於是，他建議教育部，甚至親自拜訪當時的杜正勝部長，重視老年學教育，以提早因應臺灣邁入超高齡社會的準備。

2006 年 10 月 3 日，教育部通過成大醫學院成立臺灣第一所老年學研究所，每年招收 13 位碩士生，至今已有 15 屆 170 位具跨領域背景的畢業生。2016 年，韓醫師更進一步建議中央政府，在成大醫學院設立老人專科醫院，終於在 2019 年獲得同意通過。預計 2025 年開幕的智慧老人醫院（地上 12 樓及地下 4 樓），設有急性病床 350 床及其他特殊病床，共約 440 床，將造福南部高齡人口的醫療需求。

在成大醫學院 102 學年度實習醫師宣誓典禮上，韓良誠醫師於其捐贈的「陶壁誓詞」前勉勵醫學生不忘行醫初衷。第一排左起：時任成大醫學院院長林其和、成大校長黃煌輝、成大醫院院長楊俊佑、成大醫學系系主任姚維仁。

「上醫醫國」的醫者典範

正如行醫生涯超過一甲子的韓醫師所說：「每天開始看病人，便是我最快樂的事情。」目前，他仍以 89 歲的高齡，持續畢生潛心投入醫療服務，照顧國人健康，以身教和言教潛移默化醫學生、住院醫師及同儕。

韓內兒科診所內木製門診醫師排班表，高齡 89 歲的韓良誠醫師每週仍維持 5 天看診，照顧關懷病人。

如同在他的著書《樂在醫學志業中》（臺大景福基金會出版）所言，韓醫師目前依然以強健身體，從事教學、研究進修，且長期投入社會公益與服務，數十年如一日。他一生實踐全人醫療的養成，是「成功老化」的代言人。

正所謂醫有三品：「上醫醫國，中醫醫人，下醫醫病。」韓良誠以醫師專業對社會及國家發揮極大且深遠的影響力，可謂全方位的「上醫醫國」的醫界楷模與良醫典範。

1928 年成立的韓內兒科診所。臺南市長施治明當時（1989～1993）送給民權路每戶一株榕樹，韓良誠醫師認為綠意可療癒人的身心靈，親自設計成心形，期許自己要用心成為一位有溫度的醫師。如今，民權路上的榕樹已所剩無幾。

林銘德

人生最美好的回憶在成大

自從林銘德獲得博士學位後，陸續有老師推薦他返臺工作的機會，如籌建食品工業研究所、淡江大學生命科學系教職等。雖然他有點心動，但都放棄了。直到 1982 年，林銘德看到《中央日報》刊登成大醫學院籌備處的徵才廣告，他既心動又猶豫，因為獲得路易斯維爾大學（University of Louisville）的教職才 3 年。

黃崑巖一席話扭轉人生

與籌備處取得聯繫後，林銘德利用去佛羅里達州開年會的回程，前往拜訪黃崑巖院長，在他家談了一個晚上，留下深刻的印象。黃院長是一位有想法、有作為的學者，談吐也很瀟灑。談到如何選擇教師時，他說，他要尋找的是願意跟他共同完成理想的人。

也許是與黃院長的一夕談，加速了林銘德的決定。在成醫任教的 20 年，在溫馨的環境中愉快地工作並學習，是他人生中一段美好的回憶。創院之初，他被指派為延攬人才的 7 人小組，參加不少尋才的工作，讓他見

2008 年，林銘德教授（右二）與研究團隊參加在希臘舉行的國際會議。

識了很多不同領域、不同見解的人，加深了他對行為分析的興趣。後來的工作更擴大了他面談的對象，包括不同階段的學生、不同職位的教師及辦公室的工作人員等，讓他累積了不少的經驗與心得。

參與成大校長遴選過程

八〇年代，由臺大開啟校園民主的風氣，經由校園內民主方式產生校長。成大自不例外，參與風潮。但因缺乏校長遴選的經驗，為求慎重起見，學校首先成立校長遴選辦法研擬工作小組，由不同學院的 6 位教授組成，參考他校的經驗，草擬校長遴選辦法，規劃遴選作業。

林銘德有幸代表醫院參與此項工作，經過 10 次小組會議、6 次全校性座談會及校務發展委員會討論，完成校長遴選辦法。全程作業分三階段進行。第一階段由全校教師、國內人外學者、學術團體推薦人選，由遴選委員初選 10 人。第二階段由全校教師對候選人行使同意權，再由電腦計票，並印出同意票最高的 6 位為候選人。第三階段由遴選委員根據候選人

的學術成就、領導與行政能力及治校理念，選出 2 位候選人，向教育部推薦。此辦法的精神在於發揮遴選方式的優點，讓全校教師都有參與的機會。這是成大歷史上重要的里程碑。

年輕教師醫師的心靈導師

2010 年春天，林銘德即將從慈濟大學退休之際，林其和院長邀他回成大輔導年輕教師、醫師們，希望他能把成醫傳統、特色以及可能的資源傳授給他們，讓他們能在新環境中順利成長並發揮所長。這種照顧方式很有創意，林銘德也樂意回到他熟悉且愉快的環境中工作。

年輕教師或醫師確實有不同的困境：論文壓力、升等焦慮、找不到資源、沒有工作夥伴、同儕比較等等。林銘德都試著緩解他們的壓力，或轉達他們需要的幫助。

林銘德曾寫下這一段工作的感想：「分享是經驗交換很重要的行為模式。我的經驗分享或許使他們覺得似曾相識，因而有參考的價值。而他們

1986 年，由林銘德教授（後排左二）率隊，帶領醫學系學生參加高醫舉行的醫學盃球賽。

2007 年，林銘德教授（右一）參加聯經出版公司為黃崑巖院長（右三）舉辦的新書發表會。

2010 年，林銘德教授（前排左一）
參加神經內科研討會。

的想法使我更了解不同時代、不一樣背景的人，即使面對同樣環境，也可能會產生不一樣的反應。這些分享讓我思考的層次增加了不同的面向。這幾年的工作最使我感動是這些老師都能真誠的跟我分享他們的想法，不論是高興、埋怨、困惑，甚至是憤怒，讓我覺得他們相信我、信任我。這種被尊重的感覺使我更樂此不疲，也使我傾聽他人心聲的習慣加強。這是此項服務給我最大的報酬，而我能執行此項任務是得到院長及同仁們的信任與支持，非常感恩。」

葉純甫

領臺灣兒科接軌國際醫學

　　葉純甫教授是臺北醫學院（現為臺北醫學大學）醫學系第二屆畢業，1969 年前往美國芝加哥伊利諾大學（University of Illinois）和庫克郡兒童醫院（Cook County Hospital）接受醫學教育訓練。

　　1984 年，葉純甫成為伊利諾大學兒科正教授。1985 年至 1990 年間，經聯合國指派，他常到中國及臺灣教學。1985 年，國科會邀請他到臺大醫學院擔任兒科教授一年。1991 年再返臺，他就任成大醫院教學副院長、醫務副院長，1998 年接任第四任成大醫院院長。

以臨床醫學為重心

　　臺灣早期醫學教育以訓練開業醫師為主。學術領導人，隨時代民主化，都是經選舉出來，常不擇手段，學術價值常被扭曲，至今仍樂此不疲。美國一流大學如芝加哥大學，諾貝爾獎得主很多，他們皆必須負責大學一年級課程！由此可知，大學對於學生初期的理解力和啟發性多麼重視。

成大醫學院剛成立時，資深教師不足，許多學術主管常由副教授或助理教授擔任。後來編制擴大很快，升等亦快，馬上負責南部許多醫院教學工作，滿足了創院的政治目的。

醫學院應以臨床醫學為重心，然而，早期並無完整的臨床教育訓練制度。美國醫學教育前後共需 8 至 14 年，包括醫學預科（Pre-medical education）4 年、醫科（Medical education）4 至 5 年、學士後教育（Post-graduate education）3 至 6 年。在臺灣，門派影響很深，很難取得各門派共識來改革。

培育優秀兒科醫師

葉純甫認為學術與藝術一樣，但求真實（Academic honesty）與嚴謹（Scientific discipline）。他成立了臺灣新生兒科醫學會及兒童胸腔學會，並將臺灣兒科帶入國際。

在 3 至 5 年間，選送優秀醫師到美國訓練 1 至 2 年，其間每年都有 3 至 5 篇論文在美國兒科學會報告，論文亦開始出現在《兒科》（Pediatrics）期刊、《兒科醫學期刊》（J. of Pediatrics）、《美國醫學會期刊》（JAMA），及《新英格蘭醫學雜誌》（NEJM），培養出國際水準的研究者，如黃朝慶、林鴻志、林其和、林毓志等教授。

葉純甫與美國大學如哈佛大學兒童醫院、芝加哥大學、伊利諾大學等密切往來。哈佛大學波士頓兒童醫院院長 Mary Ellen Avery 曾問葉教授要不要回美國到哈佛大學任教。李登輝總統還在總統府召見他們。成大小兒科在當時是臺灣兒科佼佼者，是過去臺灣 50 年來沒有過的現象。

行政團隊群策群力

葉純甫任職成大醫院期間，有 5 件事值得一提。第一，成大醫院與臺大醫院聯合向教育部溝通，設立專勤獎金制度，提升國立大學臨床老師及各人員收入。第二，與南部多家醫院健教合作，改善許多醫院醫療教學工

作。第三，成大醫院發生火災，幸於全體人員努力下，沒有人員傷亡。後來追究發現，醫院建築規定，發電機室不能與病房區在同一棟，然為何建院時，外表那麼漂亮，卻沒注意到此？很微妙地，不但沒追究責任，教育部還頒獎狀，因救火迅速，作為典範。

第四，921 大地震時，非常謝謝全院人員，特別是急診室主任帶隊到水里國小近一個月，群策群力，非常感人。第五，葉教授在續任院長內完成「成大醫院擴建計畫」，正式取得教育部同意補助預算。後來，他離開成大，到中國醫藥大學就任改制後首任校長，此計畫由下任院長接手完成。

早期時代背景下，領導者需靠長袖善舞、政商關係，達到創院目的。轉眼 40 年過去，未來目標應專注在教學與研究上，畢竟這是高等教育最重要、最能貢獻及長久影響社會國家的大事。

左二起：成大校長翁政義、美國布朗大學兒童醫院院長 William OH、成大醫院院長葉純甫、臺灣新生兒科醫學會理事長謝武勳，及瀋陽中國醫科大學兒科教授魏克倫合影。

上／李登輝總統（左）致贈禮品給哈佛大學波士頓兒童醫院院長 Mary Ellen Avery。
下／李登輝總統（左四）在總統府會見哈佛大學波士頓兒童醫院院長 Mary Ellen Avery（右三）。現場陪同者有芝加哥大學兒科主任 L. Gardener 教授夫婦（右一、二）、衛生署長張博雅（左二）、臺灣新生兒科醫學會創辦人葉純甫教授（左一）。

蔡景仁

蔡老大的黑盒子祕密

2009 年 2 月，成大醫學院 25 週年慶「壓箱寶 show」，蔡景仁醫師展示了跟隨他 35 年的醫師檢查包。他說：「我有兩個黑盒子。一是陪伴我 30 多年的黑色包包，它收藏著神經醫學的檢查工具，更收藏個人行醫生涯的許多故事；另一個則是隨我成長，不算很大也還不算小的頭！所有故事都是由頸項上的頭所引領、創造。」現在就來解析蔡醫師的第二個黑盒子，認識這位南臺灣癲癇領域的領航者。

生命版圖從臺北到西柏林

蔡景仁就讀臺大醫科（最後一屆）時，對腦神經科學特別感興趣，1973 年畢業後選擇臺大醫院神經精神科受訓。當時一直偏重精神醫學訓練，升任專攻神經科主治醫師的人數極少，所以出國進修成為訓練後優先考量。

住院醫師期間，蔡景仁有機會輪到負責癲癇複診門診，發現病歷上除了初診有較詳細記載，複診大多寫「Ditto」（處方同前），幾乎沒有記錄

病程發展。於是，他設計了供臨床統計研究的表格，作為病歷追蹤、蒐集並分析整理資料，建構病友的專屬檔案。

升任總醫師面臨選擇進修主題時，蔡醫師回想起曾在唯一的癲癇國際期刊《Epilepsia》中，閱讀到德國學者 Dieter Janz 發表的文章，引起他的注意，進而搜尋該學者的其他論文後，發現對方專精於癲癇醫療與研究。由於歐洲是近代醫學的起源，加上蔡景仁在大一、大二時曾利用課餘進修德文。因此，1977 年春末夏初間，他獲得德國 Styler Mission 獎學金，如願跟隨這位癲癇學學者，展開 10 年留德生涯。

黃崑巖信函打動返臺服務

1983 年 12 月，蔡景仁首次接獲時任成大醫學院醫籌小組執行秘書黃崑巖教授的任職邀請函。當時，他並無意回臺，也就擱置未回。後來，有幾次機緣受邀返臺，進行癲癇學術與醫療交流，加上留德的日本學者 Takayuki Tsuboi 教授鼓勵下，讓蔡景仁燃起返臺服務的念頭。

1988 年，蔡老大的醫師包，標出人生三個重要的職涯場域。

1986 年 12 月，蔡醫師再度接獲黃院長信函，用堅毅文字傳達期待：「我要一批年輕、肯幹、願意為理想打破傳統包袱而有學問的人，共同創設成大成為國內一流的醫學高級學府。我們慎重考慮後，決定把神經科這一支棒子交給您，也連同火炬也交給您。希望您好好傳遞，也不要把火熄滅。只要是為了品質（教學、研究與服務的品質），只要合乎道理的事，我們全力支援您，希望您認真參與。」

這封信打動了蔡景仁，最終決定回臺服務。返臺過程中，遇到一些波折，慶幸許多師長朋友居中幫忙，尤其感謝為白色恐怖漂白的陳榮基教授（時任臺大醫院神經科主任）。1988 年元月，蔡景仁醫師終於順利返臺，到成大報到就職，執掌神經科，並設立南臺灣第一個癲癇特別門診。

投入癲癇研究不遺餘力

接過黃院長傳遞的火炬，蔡醫師開始思考，如何規劃正在全球蓬勃發展的神經領域，使其茁壯、蛻變、邁向頂尖。他鼓勵年輕醫師發展神經領域的次專科，並安排他們到臺灣發展有成的單位進修；同時邀請國際神經領域專家到院演講，擴展

2013 年 1 月，蔡景仁醫師在成大醫學院 7 樓辦公室撰寫研究計畫。

視野、了解國際脈動。例如：1976 年諾貝爾獎得主 Gajdusek 醫師、日本 Ohtahara 先生、恩師 Janz 教授等。另爭取神經學會到臺南辦理年會，開風氣之先；也邀請神經病理學家劉湘梅到成大服務，並共同完成第一例病理解剖個案。

對於醫學生教學訓練，蔡教授注重提問、自主學習與反思等能力，力求扎實的理學檢查，一板一眼，是學生口中很會「電人」的老師。但他堅持不灌知識，讓學生成為學習的主角、內化知識，而非死背。

醫學系七年學制改為六年制時，醫學院進行「成功 100」課程改革。蔡景仁與林志勝兩位醫師規劃特色課程「On Doctoring」（習醫之道），透過各方詢訪、請益及不斷腦力激盪，終於在 2011 年定調開課。開課後，臺灣許多其他醫學院紛紛起而效法。

蔡景仁負責教師發展中心時，帶動老師研修醫學教育的風氣，運用教學創新與成果發表，鼓勵老師們經驗交流。他也多次邀集跨領域的醫學院老師們申請醫學教育與癲癇的整合型計畫，藉由不同專業觀點激盪火花。每當撰寫或繳交計畫的季節，蔡醫師總是踏著月色回家，卻樂此不疲。

國際上，蔡醫師擔任國際抗癲癇聯盟（ILAE）亞太事務小組成員多年，

協助推動國際會務。在國內，深受德國創立癲癇醫學會那段歷史的感動，他回臺不久便著手撰寫學會章程草案，催生癲癇醫學會。1990 年 11 月，中華民國癲癇學會（後改名為「臺灣癲癇醫學會」）正式成立，於 1993 年申請加入 ILAE，成為會員國。隨後也發起「中華民國癲癇之友協會」（後改名「臺灣癲癇之友協會」）及創辦「臺南市癲癇之友協會」。這些努力與成果，讓蔡景仁在 2001 年獲 ILAE 授予表彰癲癇領域具有卓越成就貢獻的「癲癇大使獎」，是臺灣首位獲此殊榮。

回首師生情誼與醫病關係

2015 年，蔡醫師年滿 70 歲，從專任職退休，特意重回醫學院講堂，辦理退休聚會。250 位病友、家屬及工作夥伴齊聚一堂。他脫下醫師袍，與病友比鄰而坐，閒話家常，度過醫病關係裡最愜意的下午時光。

最令蔡醫師印象深刻的醫學生，當屬賴清德。賴副總統踏上從政之路至今，兩人一直有機緣互動，包括出席活動見面、協會贈車、為蔡醫師出書寫序、贈與活動賀詞等。不論場合，只要兩人見到面，賴副總統一定趨前與「蔡老師」握手寒暄，珍視這段跨越 30 年的師生情誼。

2021 年，蔡景仁推薦具有病友與醫師雙重身分的周孟樂角逐國際癲癇局（IBE）舉辦的金光獎，並榮獲亞太級及國際級雙料獎項，是臺灣首位榮獲雙項殊榮者。同年 11 月，蔡醫師將周醫師與其家人、臺灣癲癇領域領導者及沈孟儒院長、沈延盛院長等，帶進總統府，並直接將癲癇朋友的現況與需求函遞給蔡英文總統，作為推動癲癇社會教育至今的總成績單。

從資源匱乏的年代中走來，成大醫學院已然長成蓊鬱大樹，開枝散葉，人才濟濟，繼續扮演領頭羊的角色。而蔡老大的「黑盒子」依然緊繫著對神經醫學的熱情、醫學教育的使命，與爭取癲癇社會平權的責任感，至今未曾稍歇。

下次，在醫學院遇見這位個子瘦小、稀疏白髮、眼神銳利、口袋插著百樂筆、踩著勃肯鞋的老先生，肯定能認出他就是蔡景仁醫師。

楊友任

堅持視病如親的良善

「我出生在萬華區靠近鐵道（鐵路地下化後，成為艋舺大道）旁巷弄裡，那裡的居民大都是工人、做生意的小販等勞動階級。我家是一個家庭式的印刷廠，算起來是小康之家。不過居住的環境很不理想，工廠設備和一家八口人都擠在約 10 坪左右的日式舊房子內。直到上大學，工廠擴大，居家與工廠分開，才有我專屬的書桌唸書。」楊友任醫師回憶兒時情境歷歷在目。

轉系讀醫圓父親之夢

楊友任的父親白手起家，10 歲就外出到印刷廠當學徒，婚後生了 6 個小孩。多年生活磨練，讓他體會到失學痛苦，絕不能再讓孩子重蹈覆轍。因此，只要小孩能考上學校，再省也要讓他們上學。

楊友任是老四、次男，從小很會唸書，初中聯考時是全臺北市男生組第 7 名，考上建國中學，之後又以全校第 3 名成績直升高中部。父親期待他能當醫師，光宗耀祖。因為在萬華地區大部分都是中下階層人口的社會

中，醫師是當時最令人稱羨的職業。

　　高三下學期時，臺大提供建中 24 個保送名額，楊友任以全校第 17 名申請保送醫科，不幸被拒，遂改填機械系。所幸在唸完一年後，經轉系考試，錄取醫科二年級，總算圓了父親的夢。

參與籌設成大醫學中心

　　7 年畢業後，楊友任回臺大醫院擔任外科住院醫師，並選擇心臟外科次專科訓練。訓練結束後，他進入臨床醫學研究所博士班就讀，在洪啟仁教授指導下，5 年完成研究論文，獲頒醫學博士，旋即派往沙烏地阿拉伯的中沙醫療團隊服務一年。

　　回國後，經同學陳耀昌介紹，楊友任參與正在籌設中的成大醫學中心臨床顧問團，和黃崑巖院長有所接觸。根據當時還在臺大醫院受訓的前學務長林啟禎教授描述：「楊學長早就在臺大完成臨床醫學博士學位，並從主治醫師晉升到副教授，在日本東京女子醫大與美國加州大學舊金山分校也當過訪問學者，是臺大外科的當然接班領袖。然而，在成大醫學院創院院長黃崑巖全力延攬下，他成為成大醫院最資深的臨床老師，其專業與學術地位成就足以帶領當年根基未定的成大醫院逐漸發展成為醫學中心，亦是當年我們這群學弟們追隨而至成大的主因之一。」

　　1988 年 1 月，楊友任首肯商調至成大醫學院，並兼附設醫院外科部主任及心臟外科主任時，黃院長交付他任務：「希望成大醫院啟用那天，具備有開心手術的能力。」當時只有臺北及高雄幾個醫學中心在做開心手術，雲嘉南地區仍是空白，可說是醫學中心級的指標手術。

　　楊友任查了當時已延攬的人才，心臟外科、心臟內科、

1995 年 11 月 29 日，成大醫院慶祝開心手術第 1000 例，楊友任教授（左二）主持晚會，醫學院創院院長黃崑巖（左一）為醫院同仁切蛋糕。

麻醉科等醫師，甚至加護病房護理長都具備，惟操作體外循環機的技術員卻付之闕如，「這是很關鍵的，因為開心手術必須利用體外循環機暫時取代病人的心肺功能，外科醫師才有辦法在心臟上動刀。」

這種技術員在國外有專門學校訓練，國內必須靠醫院自行訓練，時間至少 6 個月至 1 年。現在找人請臺大代訓，勢必要拖到 1989 年才有可能進行開心手術。只好從臺大現有 3 位技術員中挖角，經多次懇談後，曾和楊友任在沙烏地阿拉伯共事一年的鄭誠德先生情義相挺，願意商調至成大醫院。因此，1988 年 6 月 12 日，成大醫院啟用，達成黃院長期待，並在 9 月 2 日順利完成第一例開心手術，之後開心手術成為成大醫院常規手術。

建立視病猶親良好習慣

心臟外科是獨家的，但外科部其他的次專科業務就沒有這麼單純。要如何在當時醫療資源還算是不錯的臺南市闖出一片天，進而服務整個雲嘉南地區呢？綜合一些前輩醫師的意見及楊友任自己的臨床經驗，「病患比較在乎的是過程面，而非只是結果面」，如何「讓病患感受到醫師努力幫他們治療，從而對我們有信心呢」？

於是，他要求「主治醫師每天早晚都要訪視病人，隨時要了解病情進展。在有安排手術的日子，主治醫師必須一早 7 點多就開始查房，查房後再進手術室，手術結束後，不管多遲，在離院前，還是要到病房訪視病人一次。」「在例假日，除非因故不在臺南市，否則每位主治醫師都要自行訪視病人一次。」「若手術後住加護病房，除了例行的早晚訪視外，每天至少一次在家屬會客時間，向家屬說明病情進展，特別是有些病情不樂觀的病

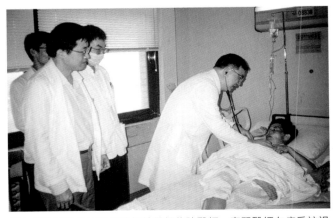

楊友任教授每日早晨 7 時起就帶領住院醫師、實習醫師在病房訪視病患，之後再進手術室執行手術。

人，更需要多加說明，讓家屬慢慢接受。」這些作法確實可讓家屬「安心」且減少醫療糾紛。

奇美醫院前院長邱仲慶回憶說：「楊教授對外科充滿熱情，從成大醫院開幕之初即規定主治醫師對病人必須『晨昏定省』，有時剛開完刀的病人還多看一回，變成『蘭花草』，一日看三回，這也成了我個人在臨床照顧病人的習慣。」成大外科至今仍保持此良好習慣。

病人感受得到醫師用心

2013 年 5 月，成大醫學系系主任謝式洲在楊教授榮退文集上敘述了一個令楊教授終身難忘的病例。謝醫師說：「2006 年底有一 82 歲陳姓病患，同時接受血管繞道和二尖瓣置換手術，不幸術後發生很嚴重的胸骨骨髓炎及傷口感染。當時楊教授照會我處理，因感染範圍深且廣，且細菌超頑強。在 3 個多月內病患接受了至少 6 次以上的清創手術及術後的複雜傷口照護，終於在傷口好轉之後，最後再動一個大工程的肌肉皮瓣移植手術來重建前胸壁之組織大缺損，最後病患終於可以康復順利出院，整個過程近 5 個月。這期間真的是深深感受到楊教授對病患細心、耐心的態度，及對我的意見和處理百分之百的信任與尊重。病患出院後，傷口完全癒合，在最後一次整形外科的回診，用臺語向我說：『謝醫師，這段時間我覺得楊教授和你都好像臺灣牛，無暝無日』。我以為他因為術後傷口的嚴重感染又經歷許多複雜手術，傷口換藥時的疼痛、住院冗長等等，欲抱怨我們很『牛』。可是，80 幾歲的老伯伯緩緩地接著說：『我從小養牛，養臺灣牛，最知道臺灣牛的個性，勤勉、犁田有力，但是個性柔和。』我愣了一下，心裡有點被這真誠樸直的聲音觸動。」的確醫師有用心，病人感受得到。「勤勉、有力、柔和」，楊教授覺得這是病人頒給他們的最高榮譽勳章。

1998 年 8 月，應葉純甫院長之邀，楊教授擔任醫療副院長，輔佐葉院長，並在 2003 年 2 月葉院長因故離職時代理院長。此時正值 SARS 席捲全臺，可謂臨危受命，臺灣很多大醫院都淪陷了，風聲鶴唳，人人自危，幸賴楊教授英明果決的領導下，成大醫院安全度過，繳出漂亮成績單。

張文昌

團隊合作精神代代相傳

就讀初中及高中時，張文昌教授最感興趣的科目是化學，1965 年高中畢業，參加大學聯考，考上臺北醫學院（現為臺北醫學大學）藥學系。在上生物化學及藥理學課時，對發炎的病理機制及抗發炎藥物作用的課程特別感到興趣，因此大學畢業後，在 1971 年進入研究所，開始探討抗發炎藥物作用的研究。

1971 至 1983 年間，張文昌分別在日本東京大學、美國國家衛生院（NIH）、日本東京都老人綜合研究所及美國肯塔基大學，探討前列腺素在發炎反應所扮演的角色。至今從事前列腺相關研究，已長達 50 年之久。

決定返回成大服務

1982 年，成大要成立醫學院，讓張文昌興起返回臺灣服務的念頭。當時動念的主要理由有二，一是住在高雄旗山的父母年紀已高，返回成大服務，可就近照顧；二是成大醫學院為新設立單位，沒有過去包袱，可提供開創新局的機會。

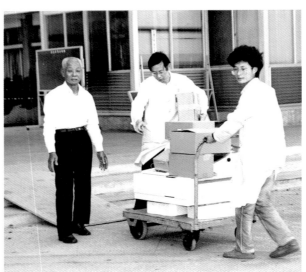

左／1984 年,張文昌教授負責成大第一屆學士後醫學系新生訓練,當時已搬入科技大樓(現為醫技系系館)。
右／1988 年 6 月 12 日,成大醫學中心完工啟用,全面總動員搬新家,就連張文昌院士(中)也下來幫忙搬物品。

在 1982 年聖誕節前夕,張文昌在華盛頓特區與黃崑巖院長見面。黃院長說明成大醫學院為政府 14 項重大經濟建設之一,並聽取他對創院的規劃。之後經過幾次書信來往,張文昌就決定返回成大服務。

1983 年 10 月初,他從美國返臺,並於 10 月 7 日來成大報到。當時成大醫學院籌備處設於成功校區現今測量及空間資訊學系系館的建築內。當時籌備處辦公室同事,包括:沈清良、林銘德、李碧雪、吳華林、施桂月、黎煥耀、吳昭良、蕭璦莉、何漣漪、蘇錦雯、陳燕惠等老師,以及籌備處黃院長秘書李美穎小姐。大夥們都非常年輕,對 1984 年要啟動後醫系招生的籌備工作忙得不亦樂乎。

發揮團隊合作精神

1984 年初,籌備處搬進當時新蓋的科技大樓(現為醫技系及醫工系共用系館)的 3 樓及 4 樓。第一屆後醫系學生也在當年 2 月入學,開始啟動在醫學院教學及研究等相關活動。

在黃院長領導下，所有老師發揮團隊合作精神，設立許多委員會，如教學、研究、動物、建築、康樂等，藉由各委員會運作，達成各項議題的共識，發揮團隊合作精神。

上／2001 年，諾貝爾醫學獎得主范恩教授（John Vane）（中）訪問成大醫學院，與宋瑞珍院長（右二）、張文昌院士（左三）等人合影。
下／李登輝副總統（前排中）來訪，由張文昌教授（前排右）、夏漢民校長（後排黑框眼鏡者）、高玲君教授（左）陪同，在科技大樓視察醫學院的籌辦進度。

左／2018 年，諾貝爾醫學獎得主教授本庶佑（Tasuku Honjo）（後排中）來訪，與張文昌院士（後排左）等人餐敘。
右／2023 年 8 月 4 日，成大醫學院歡慶 40 週年，舉辦「漢民講堂」揭牌暨特別座談。張文昌院士出席揭幕典禮，並分享與夏漢民校長草創時的過往片段。

　　在此舉例說明如何發揮團隊精神來創造創新結果。由於成大是研究型大學，醫學院成立後，陸續成立生化、藥理、生理及微免等 4 個碩士班研究所。以往研究所的成立過程是各個碩士班成立後就會成立各自的博士班。當時，考量到基礎醫學各學科的研究界線已不明顯，研究不外乎針對生理與疾病相關的 DNA、RNA、蛋白質、生理代謝物等相關研究。

　　經過幾次會議充分地討論與溝通後，最後決定各個碩士班不設立各自的博士班，而是由各碩士班的師資共同建立一個共同的博士班，即「基礎醫學研究所」。這種共同博士班的設立，在當時公立大學醫學院算是一項創舉。

　　基醫所在 1992 年成立至今已達 31 年，在教學上由不同學科教師開授整合性相關課程，在研究上推動整合性研究內容，其展現出的團隊合作精神，已建置出在國內醫學院校的教學及研究特色。

　　今年正值成大醫學院慶祝創院 40 週年，張文昌於 1983 年 10 月初返國在成大報到時初見面的同事，皆已退休或離開成大。但在創院時所建立的團隊合作精神，在過去 40 年期間，院內同仁接棒傳承，創造現今成大醫學院的榮景。基此傳承精神，相信成大醫學院一定會有更進步的下一個十年。

蘇益仁

智慧、勇氣、與感恩的傳奇人生

　　蘇益仁醫師，一位從臺南縣學甲鎮（現為臺南市學甲區）的紅蝦港小村子走出的學術巨擘。他的人生故事是一部充滿熱情、奮鬥和感恩的傳奇。他家中以務農為生，因為在臺南一中優秀求學環境與師長教誨，決定了此生從醫的志向。2004 年，他因對抗 SARS 的貢獻，獲頒南一中校友傑出成就獎。

　　就讀臺大醫學系期間，蘇益仁在生化學科林仁混教授的實驗室中進行 3 年研究，受到林教授夫人、藥理學蕭水銀教授照顧，這段經歷奠定他日後對學術研究的熱愛。

　　蘇醫師指出，臺大校總區的生活及美麗校園，令他感到幸運。許多大師的演講，及研讀新潮文庫西方哲學大師的著作，從而萌生出知識份子自我期許的意識與志業初衷。

　　1982 年，他考上教育部公費留考，赴西雅圖華盛頓大學 Marshall Kadin 教授實驗室進修血液學及血液病理。隔年，轉赴明尼蘇達大學醫院的病理大師 Juan Rosai 處進修了 3 個月的外科病理。親炙全球知名的病理

大師，並聆聽最先進的學術新知，開啟了蘇醫師對病理診斷專業及邏輯基礎的強烈研究興趣。

病毒檢驗治療貢獻良多

1995 年，蘇益仁由臺大轉任成大病理部主任。當時，黃崑巖院長建議臺灣要強化臨床病毒的檢驗及病毒鑑定與分離實力。黃院長的遠見影響了臺灣日後防疫病毒實驗室網絡的建置。

蘇醫師在 3 年內對成大病理部完成多項改革，在統一企業集團高清愿董事長捐贈 300 萬元下，將 5 位科部內主治醫師及組長送往美國深造，這些人員回國後立即在各專業領域內發揮所長。

1998 年，臺灣爆發小兒的手足口病疫情，全臺上百萬名兒童感染。蘇益仁帶領病理部全力參與病毒的檢驗，親手解剖，並自腦檢體培養出 EV71 病毒，為 EV71 病毒檢驗及治療貢獻良多。

2001 年，他與越南胡志明市第一兒童醫院進行 10 多年的病毒合作經驗，協助噬血症候群（HLH）診斷及治療。後來又請高清愿董事長協助越南胡志明市第一兒童醫院的開心手術，而獲頒胡志明獎章及榮譽市民。

強化國衛院與成大合作

2003 年 SARS 爆發，蘇益仁受徵召，從國家衛生研究院臨床研究組主任借調至疾管局擔任一年的局長，控制了 SARS，也在一年內奠下 8 大防疫基礎。

歷經 EV71 病毒及 SARS 在臺灣大規模感染後，蘇醫師覺得應強化

1996 年，蘇益仁（第三排左一）因 1991 年在著名的《血液》（Blood）雜誌發表 EBV 與 T 細胞淋巴瘤的重要論文，獲推薦為國際淋巴癌研究小組（International Lymphoma Study Group）成員，為世界衛生組織（WHO）淋巴癌分類的主要學術小組。

國衛院與醫學中心合作，尤其是感染症研究，必須與醫院結合，於是拜訪人生貴人——高清愿董事長。

高董事長說：「你如果認為有意義的事，就去做吧！」他答應在成大校區成立國衛院南部臨床研究中心，命名為「統一健康研究大樓」，並於2006 年落成開幕。這不僅開啟了國衛院與成大合作嶄新的一頁，隨後成大醫學研究中心在感染症的研究，EV71、登革熱及 B 型肝炎 Pre-S 突變蛋白與肝癌等，皆有重要突破。

臨床醫學研究黃金時期

2008 年，蘇益仁擔任成大醫學中心的研究副院長，期間將醫院的臨床醫學研究制度、核心設施等，做了非常完整的規畫，研究計畫也進行得相當順利。他還出版兩本研究主題書，有系統地進行各主題的團隊合作，配合臨床醫學研究所運作，成大臨床醫學研究進入黃金時期。除了感染症的卓越計畫外，蘇醫師也利用資源在成大建立完整的基因體醫學中心。

在 40 年行醫過程中，蘇醫師遇到不少病理診斷上的難題，這些困難卻成為他研究的重要主題。其中有三項主要的研究，包括：EB 病毒與小兒噬血症候群的致病機轉及治療、EB 病毒與 T 細胞淋巴瘤的發現、B 型肝炎毛玻璃肝細胞及 ER 壓力信息與肝癌發生的研究，分別在臺大、成大及國衛院期間深入研究，並有了創新發現，進行致病機制研究及治療與預防的思考，成為全球該領域的開創團隊。

鼓勵學子從事科學研究

對於未來想從事科學工作的學子，蘇醫師建議，科學需要堅實的基礎，包含基本理論和技術。雖然初入實驗室可能感到枯燥，但好奇心和熱情是前進的動力。在此過程中，老師和同儕鼓勵是關鍵。在研究中取得突破，才會真正體會到科研樂趣。與同行交流、尋找靈感或到頂尖實驗室學習，都有助於更上一層樓。

蘇醫師強調，臺灣醫學研究的病根在於很多學者及研究生為了升等或

上／1994 年，關心民主政治的蘇益仁醫師（左）陪同李鎮源會長（中）訪視 520 民主運動現場。
下／2005 年，蘇益仁（中）在成大與國衛院時的同仁及助理。張孔昭醫師（前排左二）、蔡弘文醫師（前排右一）
都是很優秀的病理醫師；謝汶娟（前排左一）、吳漢傑（後排左一），則是蘇益仁十多年的得力助手。

畢業，喜歡依已發表頂尖雜誌上的發現及主題做後續研究，喪失了創新及開創生醫產業的機會。這是他 40 年來研究生涯的結論。臺灣的科學要有突破，自信心及新技術應用都不可或缺。

蘇益仁醫師是從臺南縣學甲鎮（現為臺南市學甲區）的紅蝦港小村子走出的學術巨擘。2015 年，他衣錦還鄉，在紅蝦港村牌站前與妻子和惠合影。

一生充滿智慧勇氣感恩

在歷盡千帆後，蘇醫師仍堅守 3 大核心價值。首先是「追求真善美」，他一直把自己正直及追求真理的個性自比宋朝蘇東坡，視其為榜樣。其次是「知識分子」身分，面對臺灣過去數十年的社會變遷和國際洪流，他不避其責，記錄下自己的觀察、思考和反思。最後是「社會貢獻」，由醫學研究轉任行政及防疫的歷程，特別是在 SARS 防疫中的參與，對於能回報臺灣社會感到欣喜。

退休後，他於 2018 年創立美力齡生醫公司。薑黃素因吸收不佳和無專利而難以開發為藥物，但憑藉 TML-6 和頂尖團隊努力，他們於 2019 年成立的公司已成為科技部的指標案例。

蘇益仁深深體會到新藥開發的困難，尤其在臺灣，人才、專業、資金、產業鏈、法規及市場等無一不構成斷崖的挑戰。所幸在各方支持下，一步一腳印，問題逐步解決。他希望能一棒一棒地接力，達成開發全球性阿茲海默症新藥的初衷。

蘇醫師的 40 年行醫生涯，見證臺灣醫學界的許多變革和挑戰。從小兒的手足口病疫情、SARS 爆發，每一次危機，因他展現領導才能和專業知識，都能帶領團隊克服困難，成功捍衛臺灣群體健康。

蘇益仁還對藝術有深厚的情感與興趣。他說：「我從顯微鏡底下百樣

左／2015 年，熱愛藝術的蘇益仁成立太和美術館，收藏以黃土水雕塑為特色的藝術品。
右／2003 年 6 月 8 日，蘇益仁在吉隆坡 WHO 的 SARS 大會受到 WHO 秘書長布蘭特爾的歡迎，獲得媒體報導。抗 SARS 期間，WHO 要派人到北京卻遭拒，因此 WHO 轉向支持臺灣，至今令蘇益仁印象深刻。

的細胞形態看到藝術的美，因而瘋狂著迷。」蘇醫師回憶年輕時在臺大賺錢，那時窮，只能從看畫展得到欣賞美的樂趣。現在的他，在太和美術館常沉浸於對美的鑑賞，在他後半生回憶，增添許多光彩與撫慰。他認為，藝術和科學都是追求真理的途徑，只是方法不同。

蘇醫師以醫生科學家身分，書寫一部滿載智慧、勇氣和感恩的傳奇故事。2023 年 5 月，他獲頒臺灣癌症醫學會「終身成就獎」。他總是帶著感恩的心看待這個世界和自己的成果。在他引領下，臺灣的病毒研究和防疫已達國際先進水準。他的卓越貢獻不僅讓成大師生引以為傲，更為年輕一代照亮追求卓越的方向與道路。

2005 年，蘇益仁醫師獲頒衛生署一等衛生獎章，主要貢獻為 SARS 期間建立了臺灣防疫的重要基礎，包括防疫醫師建立、病毒合約實驗室、指揮中心、《傳染病防治法》修正、P3 實驗室及隔離病房設立，以及防疫物資含抗病毒藥物儲備等 8 大措施。這些建置及制度對臺灣防疫體系奠定重要基礎，尤其是在 2020 年 Covid-19 防疫期間發揮顯著功效。

開啟利益眾生的安寧緩和療護之路　趙可式

趙可式教授被譽為「臺灣安寧緩和療護之母」，從臨床服務、教育、政策與法律、本土化研究四路並進，擘建臺灣安寧緩和療護服務模式，推動臺灣醫護人員、學生、民眾的生死觀及生死教育。

為捍衛病人善終權益，她於 2000 年推動立法通過《安寧緩和醫療條例》，成為亞洲第一個保障自然死的國家。2019 年，《病人自主權利法》通過施行，她也是背後重要推手之一。1996 年起，趙教授任教於成大醫學院，2015 年榮退，至今仍致力於臺灣安寧緩和療護的推展工作。

心疼病人受病痛折磨

趙可式從臺大護理系畢業後，先後在臺大醫院當護士、臺北榮總擔任副護理長及天主教康泰醫療教育基金會從事癌末病人居家護理工作等。這段期間，她經歷了 8 個病人因受不了病痛折磨而自殺的震撼，怵目驚心的畫面難以釋懷，因此，和死亡、哀傷結了不解緣。

早年臺灣醫療環境中，對於如何照護末期病人仍很陌生，醫護人員除

了打針、給藥，一籌莫展。看著病人痛苦卻幫不上忙，趙可式認為醫療照護的本質不該如此，便回臺大向導師余玉眉教授請教。余教授半開玩笑地說：「都這麼老了，還要誰教妳啊！妳可以自己找答案呀！然後教會別人，不能永遠期待別人為妳指點迷津！」

　　余教授的一番話，猶如當頭棒喝。於是，趙可式埋首書堆尋找相關資料，從一篇國外論文上發現「安寧緩和療護」（Hospice Care），為之怦然心動，宛如在荒漠中遇見甘泉。猶記當時她翻遍字典，查到的卻是「中世紀朝聖的中途驛站」，難以與醫療相關，還有人懷疑是否拼錯單字。

　　趙可式如飢似渴地勤讀文獻，很清楚知道這正是自己要找的答案，幾經思索，下定決心出國取經，拚命存錢，卻離預定學費仍有一大段差距。身為天主教徒的她，不斷地向天主禱告。

出國攻讀安寧緩和療護

　　某天，趙可式意外接到一封「美國在華醫藥促進局」（AMAC）的出國留學獎學金申請表，讓她得以順利到美國凱斯西儲大學（Case Western Reserve University）求學，並取得碩士及博士學位，主修臨終照顧與安寧緩和療護。

　　趙可式不忘初衷，始終惦記著對臨終照護品質的嚮往。期間她六度親訪安寧緩和療護的發源地英國，請益安寧緩和療護的創始者桑德絲醫師（Dame Cicely Saunders）。

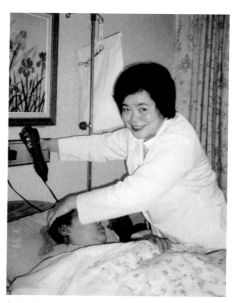

年輕時的趙可式教授貼心地替病人吹頭髮。

目睹病人安詳、尊嚴地享有安寧療護，感嘆此生足矣，趙可式告訴桑德絲醫師，將來自己臨終時，要買一張機票到英國，享受這樣的善終。

　　沒想到，桑德絲醫師面色凝重地說：「妳多麼自私呀！（How selfish you are!），我這樣用心教妳，是希望妳回臺灣後致力安寧工作，妳卻只想

到自己要死在英國。妳應在臺灣推展安寧療護，然後死在臺灣就好！」

創建成大安寧團隊與病房

1993 年，趙可式學成歸國，立志在國內推展安寧緩和療護，從死亡的禁忌話題出發，從零開始推動民眾的生死教育，矢志推展安寧緩和療護利益眾生。

在成大醫院一群志同道合的醫師、護理師和社工協助下，趙可式建立起安寧緩

趙可式教授（右）獲宋瑞珍院長（左）頒發優良教師獎。

和療護系統。她更感念成大當時的內科部長曹朝榮教授、賴明亮副院長共享願景、「同頻」的合作往事，共同攜手創建成大緣恩病房與安寧團隊。

其實，當時剛開始要推動安寧緩和療護，每個人都在摸索。曹朝榮、賴明亮兩位領導人總是「過錯歸自己，功勞歸別人」。這種人格之「美」，正是安寧的典範，讓趙可式深深感受到安寧緩和療護工作的意義與重要性。至今，她內心仍充滿感恩：「我愛成大！我從身為病人、老師、醫院員工同仁的角色，從各種身份，我愛成大！」

學生不好好學是老師的責任

成大醫學院創院院長黃崑巖是趙可式教學路上的恩師。趙可式剛來成大醫學院教書時，大概前一個月，黃院長常默默地走進教室，旁聽她的課，把她嚇出一身冷汗。而且黃院長不是蜻蜓點水坐 5 分鐘就離開，而是從頭到尾仔細聽講。

下課後，黃崑巖把學生趴在桌上睡覺、低頭玩手機、打電腦玩遊戲的照片給趙可式看。他說：「趙老師，你知道這些學生根本沒有在聽課嗎？你為什麼不管？」趙可式答道：「他們是學生，學習是他們的責任。我是老師，

我好好教，是我負責任。他們不負自己的責任，我怎麼去替他們負責？」

黃院長說：「你錯了！作為一個老師，他不好好學，也是你的責任。你就要想辦法把他叫醒，想辦法把學生的注意力拉回來，這是你的責任。你既然來醫學院教書，就要負起這個責任。」

當頭棒喝的一番教誨，讓趙可式從此以後上課時，手上拿兩支無線麥克風到處走動。只要看到學生打瞌睡、不專心，或眼睛開始瞇起來，她就開始跟學生情境演練（Role play），然後一問一答來回互動。一堂課兩個小時下來，她滿身大汗。

病人是醫學生最好的老師

之後，她在成大醫學系開了一門「醫師與生死」通識教育課，曾帶領學生到太平間（現今的寧靜軒）瞻仰遺體，讓醫學生體會人、生命、死亡。某次，太平間內剛好有具早產兒遺體，她將之從冰櫃中抱入懷裡，反問同學：「有誰願意抱他，感受一下他曾經擁有的生命？」之後，又帶著他們到早產兒病房，親身經歷那些全身插滿管子的「巴掌仙子」為生命掙扎，讓學生了解早產兒的每一口呼吸都是奮鬥而來。

安寧緩和療護的品質，是一個國家社會文明的指標，也是她一生重要職志。臺灣推動安寧緩和療護至今近 40 載，雖有長足進步，但仍須自省現今安寧緩和療護品質參差不齊，距離理想境界仍需持續努力。

全人全家照顧不是喊口號而已，而是必須付諸實踐，期許建立常態性安寧品質稽核制度，論「質」、去疾病化、早期安寧緩和療護給付，人力與能力俱足，實踐出可讓民眾及家屬信賴的高品質照護，否則安寧緩和療護可能瀕臨名存實亡。安寧緩和療護是在專業的醫療過程中，加入人性化的照護，最終的目標是「生死兩無憾、生死兩相安」。

退休後的趙可式教授，一生奉行利他，仍夙夜匪懈於安寧緩和療護的品質推動上，用生命去照顧生命，用熱情去傾聽病人的故事，猶如一顆珍珠在 40 年時光的浮華與微茫中，閃閃發亮，照亮他人，給予醫療後輩莫大的啟發與激勵。

吳華林

只立志把每件小事做好

1983 年，吳華林成為第一批受聘到成大醫學院生化所服務的老師。與成大大部分老師一樣，他在成大服務 38 年，直到 70 歲退休。從成大規劃建立醫學院與附設醫院到今年滿 40 週年，吳華林教授親眼見證它的一路成長與蛻變，有著深深的心路歷程，可藉此機會與外界分享。

個性內向影響研究態度

吳華林教授覺得自己是一位個性內向、不善言辭的人。這可能和他小時候的生活方式有關。雖然他喜歡和朋友、同事聊天，但更喜愛獨處。他可以一個人在家，沉浸在自己的世界裡，專注於沈思的工作，從來不會感到寂寞。

從小因為住在鄉下，和隔壁鄰居住得又有點距離，獨自在家玩耍，早就習慣成自然了。這個性亦影響到他日後從事研究與教學的態度，讓他對生物醫學的研究方式亦有所不同。他對研究的方向相當執著，除了資料蒐集之外，還會花時間做很多的聯想、假設、找答案，然後和同學一起討論。

一生執著研究領域終不悔

　　吳華林教授對研究方向有一定的執著，40 年來研究方向沒有太大改變。1980 年代，他處於研究的摸索期，後來剛好對 Plasminogen 的作用感興趣。當時用 Tissue Type Plasminogen Activator（TPA）和 Urokinase Plasminogen Activator（UPA）和 Streptokinase，對血管阻塞、心肌梗塞的血栓溶解治療有效。

　　由於他有機會取得大量 Plasminogen（Plg），於是決定以此為主題，發展研究方向。起初，吳華林教授率領的研究團隊先研究 Plg 和 Streptokinase 的作用，另外亦對 Plg 在內皮細胞是否有接受體感到興趣。

　　就這樣一頭栽進去，吳華林投入相關研究逾 30 幾年。在堅持做相關研究下，研究團隊發現 Thrombomodulin（TM）蛋白質的功能，包括 Plg 和 TM 結合，與內皮細胞爬行及血管新生有重大的作用。這項研究發現，堪稱是吳華林覺得自己對一生的研究成果，感到最安慰和驕傲的時刻。

2012 年，吳華林教授獲頒教育部第 16 屆國家講座主持人（生物及醫農科學類），是國內最高的學術獎項之一。

想像力加上學生共同努力

　　首先，研究團隊對於 TM 功能做詳細解析。他們製備 TM 蛋白的結構，一片片的製備出來，然後深入了解各個片段結構的功能。最後再整合起來，在內皮細胞上測試整體 TM 的功能。

　　結果證實血管內皮細胞的 TM 是 Plg 結合分子。TM 在內皮細胞要開始爬行伸展出來之前，因其內部結構可活化後和肌纖維蛋白結合，所以會在細胞膜上聚集。TM 分子先聚結在一起，成為一種 3D 立體造型的結構（3D podosome），同時結合 Plg。將其集中在細胞前緣，因 Plg 被活化之後，可

左／吳華林教授（右）與賴明詔校長合影。
右／吳華林教授將研究得獎榮耀歸功於在成大醫學院任教的夫人施桂月教授，夫婦倆長期以研究室為家，一起做研究，生活上也互相依靠。

以引發結締組織的蛋白質分解。清除細胞爬行前緣的阻礙，然後才開始由此結構伸出細胞突出結構，細胞才能往前爬行。此研究結果證實了研究團隊對血管新生機制的新註解。

吳華林覺得自己的個性真的有點執著，加上想像力無窮，還有許多學生共同努力。有了很多的僥倖或好運氣，才可以讓他的研究主題得以持續，對科學的進展亦有一些貢獻。

為了展開對 TM 新功能的研究，研究團隊製備各種含有 TM 基因片段和 TM 蛋白質片段。運用這些資源，可以發展多元化的研究，得以邀請多位醫師朋友共同研究 TM 在血管疾病、心肌細胞、組織缺血上所扮演的角色。吳華林認為很榮幸可以向多位心臟科、皮膚科、整型外科醫師請益，一起合作研究，研究團隊才有機會對 TM 功能深度探索。

學生是所有研究工作的主要動力，大部分的研究成果都應該歸功於好學生努力的結果。有機會培養出好學生，是當老師最大的榮幸與驕傲。當然可以有好學生一起做研究，是當老師最大的幸福。

在實驗室裡，善待學生就等於善待自己。當然，適當的教導是有必要的。過去曾經指導老師的老師，包括臺大生化所林榮耀教授、俄亥俄州立大學（Ohio State University）的 Gary E Means 教授，以及西北大學（Northwestern University）的 Myron Bender 教授，不只對他一生研究與做

人處事心態都有重要的影響，更有些學生亦受到一絲絲的傳承。

珍惜一切感恩點滴在心頭

這些年來能在成大累積豐碩成果，吳華林感謝國科會 40 年不間斷的支持研究團隊的研究工作。在此期間，他亦很榮幸的主持教育部和國科會 8 年的卓越研究團隊，得以和全臺灣血管生物學研究團隊合作。在許多院士的指導與監督下，研究團隊對心臟血管研究的整合及交流，貢獻良多。

回首這 40 年的經歷，宛如昨日。人生就像一條涓涓流水，吳華林首先要感謝的是創院院長黃崑巖，感謝黃院長對他的提攜和呵護；牽著他的手，一字一句幫助他修改英文。黃院長還親手寫了「不立志做大官，也不立志做大事，只立志把每件小事做好」的毛筆字。這幅字就一直掛在吳華林的辦公室，猶如黃院長還一直和他諄諄細語。

吳華林也感謝在成大醫學院一起成長的工作夥伴，包括所有教授、生化所、醫技系同仁，以及醫院醫師等相互支持與照顧，種種一切，點滴在心頭。過往的林林總總，成大人對他的好，他會永遠珍惜，也期待偶爾可以相聚一起聊天，回憶過去的美好時光。

最後，吳華林更不能忘記感謝自己的家人，父母的全力支持，讓他有機會上學、出國，照顧他一生一世。吳華林的夫人施桂月教授是他極大的支柱，無怨無悔的付出，一起從事研究與教學工作，一起培育兩人一對可愛的兒女，讓他們有平順的成長歷程。一切的一切都該感恩，感恩上蒼給予他們所有的恩賜！

前排右起：莊偉哲、林銘德、吳華林、施桂月等教授，以及後排右起：賴明德教授和所辦同仁一起出遊踏青。

曹朝榮

醫病醫人也醫心

　　曹朝榮醫師，如今雖已屆退休之齡，仍在臨床服務，一生貢獻醫界，仁心仁術，令人感佩。他的父母是白手起家，在臺南水仙宮市場賣麵包和糕餅。高中面對升學，醫科並非他的第一志願。有位同學告訴他：「我爸爸當醫生，我覺得這個職業不錯，能夠服務社會……」。這句「服務社會」，讓他心頭為之一震。當時，他也從何秀煌先生的書中獲得關於個人和社會關係的啟發，對能服務社會的事極為期待與感動，於是曹朝榮從此走上行醫之路。

鑽研血液腫瘤學問

　　曹朝榮醫師常引用羅伯特 • 佛洛斯特的詩〈未行之路〉來描述他的生涯之旅。他畢業於醫學院後選擇內科，期望能照顧病人的全身。初入醫界時，他一度對神經科有興趣，但在照護白血病人的經驗中體悟到醫療的極限和挑戰，不斷搜尋、閱讀醫療新知的過程，著迷於血液學問的浩瀚，進而選擇血液科。

左／曹朝榮醫師平時常騎腳踏車到臺南車站,再搭火車到柳營奇美醫院看診;假日時喜歡騎車漫遊東豐路木棉花道,享受悠閒時光。
右／2022 年,曹朝榮醫師任職柳營奇美醫院,查房時向病人及家屬針對病況與治療詳細溝通和說明。

雖有老師提醒他這科冷門,但曹朝榮決心專研血液學。一次,聽了日本教授高久史麿的演講,進一步驅使他鑽研血液腫瘤,並開始他的日本留學生涯。曹醫師強調:「我選擇了這個專科,並不是因為先前的興趣,而是投身其中後,真心愛上它,進一步深造,努力讓自己能為病患提供最好的服務。」

作育英才不遺餘力

回顧在成大教學與行醫的生涯中,他特別提到三項有成就感的事蹟。第一,在 1996 年 8 月起,擔任成大醫學院醫學系內科學科主任,作育英才,強化基礎醫學,特別著重以病態生理學的角度去闡釋特定疾病之臨床表徵,結合藥理學之知識去探討治療疾病之原則。

透過與外院建教合作,擴增代招代訓住院醫師員額,落實建教合作機制,安排住院醫師到不同層級的醫院接受訓練與服務,從而擴展專業視野、了解國內醫療生態,並藉此合作機制,充足內科部各次專科的人才培育,使各次專科在研究、教學、臨床服務方面能均衡發展。

推動尊嚴善終照顧

第二，1998 年 6 月時，曹朝榮擔任成大醫院血液腫瘤科主任，偕同趙可式教授等專家成立成大醫院「緣恩病房」，開啟院內癌症末期病患的人性化醫療，推動尊嚴、善終照顧，把醫療的照顧從疾病救治延伸到末期臨終。

這是臺灣第一個在內科部成立的安寧病房，讓內科的住院醫師可以在此學習照顧臨終的病人，如成立之初的期待，緣恩病房已然成為國內安寧療護的醫、護教育重鎮。另安寧醫學會於 2004 年成立，曹醫師為創會元老，亦是臺灣腫瘤內科醫師最早深耕安寧療護領域的先驅。

優秀學生開枝散葉

第三是 1998 年至 2014 年，曹朝榮擔任成大醫院內科部主任、血液腫瘤科主任期間，納入內科住院醫師、見習醫師與實習醫師的安寧病房訓練。學習關照病人生活品質、關懷家屬的理念、態度、技巧，從中建立全人醫療與人本醫療的概念、培養 Cure 兼顧 Care 的專業情懷。

他積極培育多位在該領域的菁英人才，如成大醫院血液科陳彩雲主任、腫瘤醫學部顏家瑞部主任、柳營奇美醫院黃文聰副院長、臺南市立醫院李楊成副院長、永康奇美醫學中心血腫科馮盈勳主任、聖馬爾定醫院血腫科蕭士銓主任、嘉義基督教醫院血腫科郭晉和主任、衛生福利部立臺南醫院血腫科李妍蒨主任，乃至花蓮慈濟醫院高瑞和前院長，均是血液腫瘤醫療領域的專家。

曹醫師欣慰當年的學生，如今在專業上都有出色的表現，尤其感動當年從學生變成同事，至今仍在溪北地區一起照護病人、共事已 20 載的團隊夥伴。

實現醫者仁心理想

謙稱從成大「脫隊」的曹醫師，當時在成大同事的歡送會上放聲大哭。

曹醫師表示，理性上知道自己要離開，但情緒上難以接受，因為他很難過要和工作多年的團隊分開。

　　曹醫師把行醫的理想種子，從醫學中心帶到偏鄉。他在柳營奇美成立多個特別的癌症照護團隊、開設癌症哲學門診及心靈咖啡室，實現他醫者仁心的理想。他認為修補醫病鴻溝、滿足病人需求是醫療人員的責任，受日本順天堂大學醫學院樋野興夫教授的啟發開設「癌症哲學門診」，看診過程，不提供醫療或第二專家諮詢，也沒有醫療處方箋，取而代之的是溫暖的茶水、親切的關懷，以及內心深處的引導，以癌症哲學門診由曹朝榮教授偕同癌症個管師與社工師，提供就診者的「生活哲學處方」。

　　「雖然我不是 physician-scientist, but I am a physician with a scientific mind.」從醫以來，曹醫師始終帶著科學實證的精神面對診療及教學，他認為醫學不僅是從科學著眼，也涉及人與人之間的心靈觸動。曹醫師說：「醫病、醫人、醫心，是醫者的使命與靈魂。」病人需要傾聽、陪伴與關懷，做決策時，也需要有人同在對話。

撫慰病患家屬心靈

　　身處癌症醫療前線，他目睹許多病人和家屬因茫然慌亂、或誤解而選擇錯誤治療，為此深感不捨。經歷這些沉重的經驗後，他撰寫《當癌症來敲門》，這本書不論述繁瑣的醫學細節，而是期望為公眾架起一座知識之橋。他強調，知識就是力量，面對癌症，有正知正見才能幫助人們在驚恐慌亂中穩住心緒。

　　曹朝榮醫師不僅在腫瘤醫學領域展現出卓越的專業，更將全人的精神完美地融入醫學照顧中，深入關懷病患的身心健康。他時常提醒後輩，一位真正的醫者，除了專業技巧外，更應具備仁心。

　　曹院長的醫學生涯，宛如一首充滿熱情和奉獻的詩，他不只治療病患的身體，更撫慰他們的心靈。他培育眾多醫學後輩，是成大醫學院深受尊敬的典範，令人感到無比的榮幸和驕傲。

陳志鴻

人生不要逗留在同一點

　　陳志鴻醫師於 1977 年畢業於臺大醫學院，服完預備軍官役後，回到臺大醫院內科接受完整的內科和心臟科專科醫師訓練。在那年少輕狂的日子裡，他和同輩好友都以當時臺大內科的幾位教授為典範，期待自己的醫學生涯也可以一輩子奉獻在臺大醫學院和醫院。

　　所以在結束住院醫師成為主治醫師時，他和同儕好友就進入草創不久的臺大臨床醫學研究所攻讀博士學位。四年當中，同時要兼顧臨床工作和實驗計畫的進行，箇中辛苦堪比大學聯考要考上臺大醫科還困難。

一生精彩歲月奉獻成大

　　1988 年年初，已擔任臺大副教授的陳志鴻接到黃崑巖院長和戴東原院長的電話約見。他們希望他加入正在招兵買馬的成大，共同到臺南打拚。於是，1988 年 6 月 6 日，陳志鴻懷著複雜的心情揮別了母校，南下參加成大醫學院暨附設醫院的啟用任務。

　　1988 年到 2015 年，從 36 歲到 63 歲，陳志鴻把他一生中最精彩的

時光完全投入了成大醫學院和成大醫院。他從心臟內科主任、內科主任、醫院副院長、醫學院教務分處主任到成為成大醫院第五任院長。舉凡成大各種典章制度的建立和落實，都有陳志鴻的身影。

1988 年，雲嘉南地區沒有一間醫院可以執行心導管檢查和心臟手術。陳志鴻和學長楊友任共同扛起了打造心臟內外科的重任，如今他所培養出來的心臟專家已開枝散葉，同時壯大了成大、奇美、市立臺南醫院、嘉義基督教醫院等心臟科的陣容。

陳志鴻更積極建立成大心血管研究團隊，持續培養優秀的下一代心臟科領導人物，例如目前擔任內科主任兼副院長李貽恒教授和臨床醫學研究所所長劉秉彥教授。他毫無私心地栽培人才，一代接一代傳承，也形塑成大心臟科的優質文化。

院長任內培育優秀人才

陳志鴻在成大醫院行政工作上付出心力，於 2003 年獲聘擔任成大醫院第五任院長。6 年任期中，他領導全院同仁凝聚共識，以「生命、愛心、卓越、創新」為成大醫院的核心價值。

2008 年，成大醫院榮獲「國家品質獎」，陳志鴻院長（右）親自領獎。

即使當時健保實施總額制度，陳志鴻仍強調「以病人為中心」和「品質勝過一切」的營運理念，最終讓成大醫院轉虧為盈。他更將盈餘依法調高全院同仁待遇，那時全院上下士氣高昂。除了獲得臺南各界肯定外，成大同仁也贏得許多全國性獎項，更於 2008 年一舉榮獲「國家品質獎」，陳志鴻院長也同時獲頒「企業最佳管理人獎」。

當時的院長室團隊在陳志鴻以德服人的耳濡目染下，幾位副院長後來都分別擔任醫院院長或醫學院院長。其中，蔡森田院長於臺南醫院卸任後，獲陳志鴻推薦到衛福部擔任次長。陳志鴻的團隊猶如培養院長的搖籃，

2023 年成大醫院新任院長李經維也是在陳志鴻擔任院長時的醫務秘書。

　　陳志鴻回想當時 6 年院長任內最令人欣慰的是他透過盈餘，創立了「菁英計畫」，特別選拔優秀的臨床醫師到國際一流醫學院深造 2 年，為成大醫學院的永續發展培育拔尖人才。

　　另外，同樣重要的是他將成大醫院擴建出另一棟全新的臨床研究和門診大樓，將原大樓改建為急重症和住院大樓，使成大醫院有更大的空間，提供醫療服務和研究。這是繼 1984 年成大由黃崑巖院長負責建造成大醫學院和醫院之後，相隔約 25 年後，於陳志鴻任內建造的另一棟醫院大樓，是成大醫學中心歷史發展過程的重要里程碑，以照顧「急重難罕」的病友為成大醫院的責任。

人生恰似飛鴻踏雪泥

　　2015 年，陳志鴻獲邀到臺中的中國醫藥大學擔任醫學院院長兼副校長。邀他赴任的是蔡長海董事長和校長李文華院士。兩人希望借重陳志鴻在臺大和成大醫學院的經驗，協助強化中醫大的醫學教育。

　　2019 年，陳志鴻完成了臺灣醫學院評鑑委員會（TMAC）對中醫大醫

2006 年 1 月 5 日，時任成大醫院院長陳志鴻教授（中）出席成大醫院首例心臟移植記者會，扛起了打造心臟內外科的重任。

學系評鑑後功成身退。但他留給中醫大另一個人才培育的新創舉,即是他創立了「MD-PhD program 3.0 版」。

　　他計劃在每年錄取中醫大醫學系的大一新生中,選取幾位有志科學研究的年輕醫學生,安排他們進入十年一貫的 MD-PhD 學程,也就是在 6 年醫學教育中加入 4 年的 PhD 學程,以 10 年時間取得醫學士和博士學位。這是培養新一代年輕有活力的醫師科學家的新創舉,到目前為止,有 8 位學生進入此人才培育的特殊學程。陳志鴻曾在成大推動此計畫,但並未成功,沒想到在另一所學校實現。

　　十年樹木,百年樹人。陳志鴻回顧個人的醫學醫涯,成長於臺大,發揮潛力於成大,實踐未完成的理想於中醫大。他擔任過最成功的成大醫院院長,也成為令人懷念的中醫大醫學院院長和副校長。陳志鴻想起恩師連文彬當年告訴他的一句話:「志鴻,人生不要逗留在同一點。」他更感念黃崑巖院長親筆寫下「機會屬意有心人」,送給他的墨寶。

　　當年臺大畢業時,他以為會一輩子在臺大醫院,沒想到人生充滿偶然,也充滿驚喜。陳志鴻走遍了全臺灣三大重要的醫學重鎮,也留下了努力付出的足跡,這一切恰似飛鴻踏雪泥。

左／ 2006 年 3 月 15 日,陳志鴻教授(右一)率團訪問美國德州大學安德森癌症中心(MD Anderson Cancer Center)。
右／ 1992 年,陳志鴻教授獲黃崑巖院長致贈書法手稿,至今仍感念不忘,珍惜這幅墨寶。

林其和　從呵護新生兒到教育百年大計

　　林其和醫師是屏東人，高雄中學畢業後，大學原本考上物理系。不過，因父親得了重病過世，他感慨當時沒有家人有醫學常識，以致幫不了忙，於是決定隔年重考，後來考上臺大醫科。大學期間，他唯一參加的社團是慈幼社，在和小朋友愉快的相處中，啟發了他對兒科的興趣，因此醫學院畢業後就選擇當兒科醫師。

成立南區新生兒醫療網

　　畢業後服完兵役，林其和於 1980 年順利申請到臺大醫院兒科住院醫師。完成 4 年訓練後，他為了要留在臺大醫院當主治醫師，按規定必須先參加「中沙醫療團」到沙烏地阿拉伯服務。於是，他前往該國 Hofuf 法哈德國王醫院一年，負責新生兒醫療。

　　回臺沒多久，他獲悉黃崑巖院長正在為成大醫學院攬才，受到黃院長風采和理念的吸引，再加上南部鄉土之情的呼喚，林醫師於是決定投效新成立的成大醫學院，成為第一批被延攬的臨床老師。1986 年中，他到美

國布朗大學婦幼醫院進修新生兒醫學，1987 年底回臺，即時參與了成大醫院兒科的籌備工作。

　　成大醫院於 1988 年 6 月開幕，林醫師擔任兒科部第一任主任，從無到有，他和同僚們胼手胝足的規劃與建立起兒科醫療服務及教學系統。當時尚未有全民健康保險，臺南地區的病嬰大都被轉送到私人的「新生兒急救中心」，醫療品質難以掌控。林醫師遂聯合臺南的幾家主要醫院，在衛生局與 119 救護系統的全力支援下，成立南區新生兒醫療網（Regionalization），訓練轉診團隊，並逐家拜訪婦產科診所介紹轉診流程，南部地區的早產兒及高危險群新生兒因而能夠及時得到先進的醫療服務。

獲臺灣醫療典範獎殊榮

　　1991 年，一群兒科醫師在葉純甫教授帶領下創立了臺灣新生兒科醫學會。林其和醫師擔任第一、二屆秘書長，任內建立起新生兒科醫師訓練制度，此後每年替臺灣培育出數十位合格的新生兒科醫師。

　　由於他在南區新生兒醫療的貢獻，林醫師在 2017 年獲得了中華民國醫師公會全國聯合會「臺灣醫療典範獎」的殊榮。2016 年，為了與國際新生兒醫療接軌，林醫師參考美國佛蒙特－牛津新生兒網絡資料庫（Vermont-Oxford Network）的作法，聯合了本土 18 家醫學中心的新生兒科，在新生兒醫學會支持下成立了臺灣新生兒網絡資料庫（Taiwan Neonatal Network，TNN），定期蒐集並分析早產兒醫療照護結果，建立全國標竿，以提升早產兒的照護品質，現在 TNN 更成為亞洲新生兒網絡系統的一員。

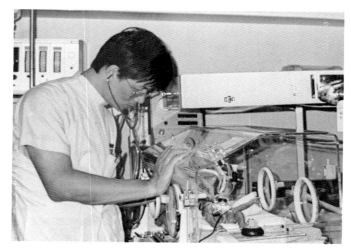

1983 年，林其和在臺大醫院兒科擔任總醫師時，在加護病房照顧早產兒。

WFME 2019

上／2012年，AMEE會議於法國里昂舉行，林其和院長（右六）、賴其萬醫師（右五）與其他國內醫師與會合影。
下／2019年4月10日，林其和醫師（右一）擔任世界醫學教育聯合會（World Federation for Medical Education）會議主席，主持論壇。

推動臺灣醫學教育改革

　　兒科醫師的職責在於確保兒童有健康和成長的機會，這和醫學院、醫院的老師將醫學生培養成能照顧病人的好醫師是異曲同工。自然而然的，除了臨床工作之外，林醫師也積極地投入教學，因此多次獲選為優良教師以及傑出教師。

　　1997 年，林醫師參與醫學院課程改革小組，推動「問題導向學習」（Problem-Based Learning）的新課程。1999 年更在王乃三院長推薦下，獲得美國外國醫學系畢業生教育委員會（Educational Commission for Foreign Medical Graduates，簡稱 ECFMG）提供給國際醫學教育家的獎學金，在 2000 年第二次前往美國布朗大學進修醫學教育。

　　他之所以選擇布朗大學，主要的理由是布朗大學醫學院有一半的學生是高中畢業即入學，修完大學學分就可進入醫學院就讀，這與臺灣醫學院的學制相近。這一年，林醫師不但學習到完整的美國醫學教育運作方式，也藉機參訪了哈佛醫學院師資培育中心，汲取其聞名的 New Pathway 課程改革經驗。

　　2001 年回臺時，恰逢臺灣醫學院評鑑委員會（Taiwan Medical Accreditation Council，簡稱 TMAC）成立，2003 年林醫師在黃崑巖創院院長的強力推薦下，成為 TMAC 委員。2003 年至 2021 年間，他積極參與 TMAC 評鑑及準則制定的工作，後來先後擔任 TMAC 執行長及主任委員，三度代表 TMAC 赴美爭取到臺灣醫學院評鑑制度獲美國教育部的認可。

　　2019 年，林醫師又帶領 TMAC 獲得世界醫學教育聯合會（World Federation for Medical Education）10 年品質認證效期的殊榮。這是臺灣醫學教育重要的里程碑，代表著我們的醫學教育已得到國際專家的肯定。

全國新制醫學系課程改革

　　2007 年至 2013 年，林其和擔任成大醫學院院長。他認為學校的角色並不僅是作育英才，行政主管與新進老師同樣也需要學校的支援與培訓

（Faculty empowerment），沒有人是天生的老師，老師需要知道他們為何要教學以及如何誘發學習動機，學生才能學到該具備的知識和能力。從哈佛大學醫學院他學習到老師也需要被照顧，若有一個可以支持他們在教學、研究和未來生涯發展的環境，老師們就能發揮最大的潛力，為學生和醫學院帶來最大的貢獻。林其和特別邀請林銘德老師定期面談新進教師與主管，除了解惑也藉此了解其個別需求，再由醫學院協助他們適應新的角色和環境，此舉得到醫學院教師們很大的認同。

林其和同時也擔任新制醫學系課程改革小組召集人，經過不斷的和各醫學院的負責人討論和折衝，終於能凝聚共識，順利完成全國新制醫學系課程的改革。成大醫學院將新課程取名「成功 100」並加入一門「習醫之道」（On Doctoring），讓醫學生及早體驗醫師生涯及醫療體系運作，後來有多家醫學院也仿照跟進。

林其和一直期待臺灣有更多醫學院老師投入醫學教育，在參加歐洲醫學教育協會（Association for Medical Education in Europe，簡稱 AMEE，是全球最大的醫學教育組織）年會後深受其啟發。於是，2012 年他與中國醫大周致丞醫師共同組成臺灣醫學教育社群，提供醫教界的老師一個平臺，可以互通訊息、分享經驗，

上／2012 年，AMEE 會議於法國里昂舉行，林其和院長（左排中間者）與年輕醫師聚會。
下／2010 年，林其和院長主持醫學系學生白袍宣誓典禮。

帶動了風潮。目前這個社群已由初始十幾人增加到 500 人！

林院長回憶，2007 年他首次參加 AMEE 年會時，臺灣的參與者不過 10 人左右，而後逐年增加，現在已超過 200 人了，2023 年在所有參與 AMEE 年會國家中排第四名，頗吸引各國參與者的注目，這不僅提升了醫學教育的水準，也增加了臺灣國際能見度。

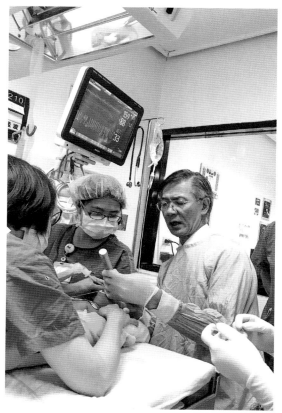

2017 年，林其和醫師退休前，在成大醫院新生兒加護病房執行最後一次插管。

提升醫學院技能教學

擔任院長期間，林其和曾面臨幾項醫學院空間再造的挑戰。其中，有兩項比較具代表性，其一是將原先三樓學生 K 書中心移至圖書館靠東豐路的幽靜角落，三樓則改成研究生的共同使用及討論區，他期待此新空間可以讓不同學科的研究生進行跨領域的交流和討論，激發出多元的思考，點燃創新的火種。此舉不僅緩解了研究所空間不足的窘境，也開創了空間共享的概念。

其二是為了配合臨床技能演練課程的需求以及國家醫事人員證照考試政策，將醫學院教材室及庫房重新設計，改建為「國鼎臨床技能中心」，現在這技能中心已成為臺灣醫學教育學會認可的國家考場，對於醫學院的技能教學極具重要性。

從呵護生命最初的瞬間開始，到培育醫學的種子、協助師生們茁壯，林醫師對兒科的熱情和堅持深深打動人心，對醫學教育的重視與投入更令人敬佩！這位醫學界的典範人物，委實值得後輩尊敬與學習。

陳誠仁

用愛陪伴病人多走一里路

　　陳誠仁是嘉義基督教醫院的前院長，擔任院長職務 18 年期間，打造了癌症中心、安寧病房、社區健康部、部落健康中心等。他也貫徹嘉基醫院創辦人戴德森（Marcy L. Dirmanson）醫師「用愛多走一里路」的信念，將醫療帶入社區，照顧嘉南地區人民的健康。

參與成大醫院早期籌建

　　在父母期待下，陳誠仁考進臺大醫學院。大五時，他開始在臺大醫院見習，母親卻被診斷出罹患肺腺癌。因母親罹癌，讓他決定主攻胸腔內科。

　　完成第三年住院醫師訓練後，陳誠仁的醫師生涯迎來了三個選擇。第一是參加臺大醫院醫療團，派駐沙烏地阿拉伯兩年，回國後可直接取得衛生署（現更名為衛生福利部）特別為臺大醫院開放的主治醫師名額。第二是前往南部偏鄉地區服事，如恆春基督教醫院、屏東基督教醫院。第三則是加入成大醫院籌備團隊。

　　老師希望他去沙烏地阿拉伯後回臺大，但篤信基督的陳誠仁嚮往去偏鄉

地區服務。可是，他彷彿聽見上帝的聲音：「你準備要到偏鄉地區的基督教醫院做什麼？」

當時，陳誠仁其實也不清楚自己能有何貢獻。於是他決定接受其他師長邀請，追隨成大醫學院長創院院長黃崑巖，參與成大醫院的籌備。而那段寶貴經驗，讓他對日後接掌嘉基醫院更得心應手。

當時，陳誠仁負責成大醫院加護病房硬體設施規劃，並要採購呼吸器等儀器設備。黃院長對年輕的陳誠仁給予無比的信賴，交由他放手規劃加護病房，他也因此累積了不少醫院管理的經驗。轉眼 10 年過去，成大醫院也慢慢步上軌道。陳誠仁在時任嘉義基督教醫院院長翁瑞亨邀請下，來到當時猶如醫療沙漠的嘉義地區。

打造嘉基為無圍牆醫院

1996 年，陳誠仁離開成大醫院，轉至嘉基擔任副院長。4 年後，翁瑞亨前院長轉往公職，他接下嘉基院長職務。

事實上，上帝一直為祂所愛的人預備。陳誠仁年輕時滿腔熱血，想要醫療傳道，但神並未開啟偏鄉醫療服務之路，反而指引他參與成大醫院創建過程，從醫院動線規劃、儀器採購、人員招募和訓練、醫療管理到教學看診等，累積實戰經驗。回首來時路，雖充滿挑戰，卻也讓他汲取養分，在成大醫院所扎下的苦功，到嘉基開花結果。

由於當時整個嘉義地區缺乏血液腫瘤科醫師，

陳誠仁在臺大醫院見習時，母親卻不幸罹癌，讓他決定主攻胸腔內科。

當地民眾若罹患癌症，必須舟車勞頓到臺中、臺北就醫，身心俱疲。陳誠仁積極延攬癌症專科醫師，克服嘉義地區招募醫師不易的挑戰。在他帶領

下，1998 年，嘉基醫院逐步建置癌症治療中心；2008 年通過衛生署癌症治療品質最高等級評鑑，在當年是唯一一家達到醫學中心癌症治療服務等級的區域醫院。

陳誠仁形容，嘉基醫院是一座花園，每個主治醫師帶領團隊，就像是一棵棵小樹。院長角色猶如園丁，負責澆水和施肥，讓每棵小樹向下扎根，覺得嘉基值得發展，安心留下來打拚。

他服務嘉基逾 20 載，其中有 18 年時間擔任院長，除了提升嘉基醫療水準，更將嘉基打造為一座「無圍牆的醫院」，讓雲嘉南鄉親都能獲得良好的醫療服務。

愛從院內、周邊至海外

陳誠仁相信，必須要照顧員工，讓他們體會到「愛」，才能善待病人。因此，他先成立「好消息協談中心」，為員工免費提供心理諮商服務。無論是婚姻、子女或家庭問題，若有難言之隱，員工們都能在協談中心抒發情緒。

而高齡化社會的現在，慢性病非常普遍，被動地提供醫療服務還不夠，更要主動地從飲食、生活習慣開始改變。因此，陳誠仁推動嘉基成為無圍牆的醫院，樂當社區鄉親的好厝邊，將關懷觸角從院內向外拓展，範

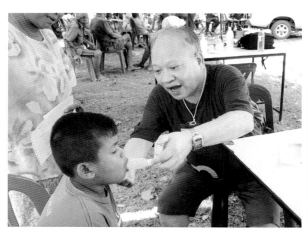 

左／陳誠仁醫師的愛延伸到海外，每年都會帶著團隊到海外義診，透過醫療交朋友。
右／2018 年，陳誠仁醫師獲頒醫療奉獻獎，與時任行政院長、現為副總統賴清德合影。賴清德是陳誠仁在成大醫學院任教時的學生。

圍遍及社區、偏鄉、原鄉及海外地區。對象涵蓋一般民眾、身心障礙弱勢族群、發展遲緩兒童、阿里山巡迴醫療原住民健康照顧，並建構完整的高齡照顧服務。

陳誠仁醫師退而不休，持續推動社區長照工作，在充滿愛的行醫之路上，陪伴民眾一路走向幸福。

關心員工、照顧民眾，陳誠仁更將愛心延伸到海外。當年嘉基醫院創辦人戴德森醫師將一生最精華的歲月奉獻給臺灣，最後落腳於嘉義。如今嘉基有能力助人，要讓愛繼續循環，因此延續戴德森院長「用愛多走一里路」精神，關懷海外國家。

嘉基先從照顧泰國與菲律賓的移工開始，後來愛屋及烏，每年定期派醫療團隊到兩國當地義診。陳誠仁以身作則，每年帶著海外醫療短宣隊，踏遍泰國、菲律賓、緬甸、史瓦濟蘭等國，用醫療來傳遞愛與關懷，不但打開嘉基在海外能見度，也做了最好的醫療外交。

投入失智症社區照護工作

2010 年，陳誠仁開始投入失智症的社區照護工作。2018 年 2 月，年滿 65 歲的他卸下院長職務，休息半年後再回到第一線繼續服務民眾。同年他的岳父過世，生前曾為失智症所苦，讓他對臺灣多數失智症家庭的處境感同身受。

為使社會大眾對失智症有正確認識，嘉基醫院失智症整合中心醫護團隊在國健署的支持下，攜手全聯福利中心，打造失智友善賣場，讓獨自前往購物的失智長者，可得到友善協助，也讓家人放心。

陳誠仁整合資源，將嘉基打造為全臺第一間「以長者為中心」的全方位照顧醫院，在 2018 年獲頒醫療奉獻獎，成為嘉基創院以來第 5 位醫療奉獻獎得主。但這份榮耀並非終點，他未來也將為失智症患者及家屬繼續打拚，在充滿愛的行醫之路上，陪伴他們一路走向幸福。

簡伯武

正視難題是研究成功的起點

　　簡伯武教授剛參加完洪正路老師的告別式，回到辦公室，望眼窗外，天色一片火紅，6月艷陽高掛天空，襯托著校旁的鳳凰樹，又是畢業季節，相處兩年碩士班同學即將離校的時刻。

　　1988年，簡伯武於美國德州大學接受博士後研究訓練時，突然接到家中傳來父親身體不適的訊息，希望他可以回國照顧雙親。於是，他連忙申請成大教職，幸運的是當時成大醫學院剛成立，讓他順利地找到工作。

挑戰未知帶來創新研究

　　轉眼已35載，成大藥理所於1989年成立，今年是第34屆，簡教授第一屆碩士班學生張芳嘉，後來赴美攻讀博士學位，如今已是臺大獸醫學院院長。

　　剛成立研究所時，教師比較少。為使學生學習能夠多元化，所裡老師積極邀請國內外學者來訪。例如，張文昌教授邀請一位國外教授，與所上老師聚餐。

藥理所剛成立時，6 位老師都正年輕力壯。如今，只剩下簡教授一個即將退休的老人，而洪正路老師不幸地已於近日逝世。所幸所延攬的中生代和新生代教師都非常優秀，可以為藥理所帶來更活絡的景象。

簡伯武服完預備軍官役後，有次回臺大藥理所去請教老師出國求學的未來展望。因為之前臺大藥理所主要做蛇毒方面研究，蛇毒的作用是影響周圍神經，最後橫膈肌麻痺，不能呼吸而致死。

當時，中樞神經的研究才剛萌芽，甚至尚未起步，所以張文昌院士便向簡伯武分析未來趨勢，建議他從事中樞神經方面的研究。於是，簡伯武到美國德州大學，選擇杏仁核的電生理研究。簡教授認為，「研究要去挑戰未知的事物，成果要能有創新及創意」。

與蔡景仁醫師攜手合作

杏仁核位於內囊和下視丘之間，其功能和神經的可塑性如癲癇，學習和記憶的產生有密切關聯。1988 年，簡伯武返國，任教於成大醫學院藥理學科後，即以杏仁核為研究主軸，探討其神經傳遞的作用機制，利用細胞內記錄的方式研究腎上腺素的作用。結果發現，活化乙型腎上腺素受體會產生長期增益現象，此作用主要係透過促進突觸 P/Q 型鈣離子通道活性進而增加神經末梢鈣內流，導致 Glutamate 的釋放增多而產生。此研究成果使簡伯武成為國內第一個在《神經科學雜誌》（Journal of Neuroscience）發表論文的教授。

杏仁核與海馬迴是最早被認為與產生癲癇有關的兩個器官。杏仁核本身的神經結構，很容易引發所有神經細胞同時放電的現象，同時放電時，在臨床上就會產生癲癇的發作，即所謂的羊癲瘋，這是研發抗癲癇藥物最佳的細胞模式。

當時，蔡景仁醫師在成大主持臨床研究室，簡教授有機會與蔡景仁醫師合作，

簡伯武教授專精大腦杏仁核研究，杏仁核的作用與人類的記憶相關，尤其是恐懼情緒。他利用動物行為模式及藥理分析，找出大腦杏仁核的生理與藥理作用，進行相關臨床實驗並研發新藥。

1990 年，簡伯武（左三，黑框眼鏡、手拿夾）、李碧雪、施桂月及陳洵瑛等老師參加教師節慶祝餐會。

一起申請國家衛生研究院計畫。沒想到一申請，就和蔡醫師在癲癇的研究合作了 10 幾年之久。有經費支持，才能奠定實驗室深厚的基礎，這也是基礎研究和臨床醫學合作的範例，具有臨床應用價值，計畫就比較容易通過。

早年生長環境影響甚深

杏仁核和情緒的調控，如過度害怕、緊張等創傷後壓力症候群及憂鬱症非常有關，也就是恐懼、害怕的記憶存在於杏仁核，就像當有人經歷過一場大災難以後，再次遇見那災難，就會想逃避。如果沒有辦法逃避，就會感到很沮喪，覺得人生沒希望。

有些人可能 3 個月、6 個月就會好了，但有些人卻會一直處於憂鬱且情緒低落的狀態，久了甚至會想去自殺。創傷後壓力症候群是一種非常難治療的疾病，主要是疾病雖經過治療，但可能復發。因此簡教授就稍微轉了研究的方向去探討如何利用心理療法及藥物去治療創傷後壓力症候群。

過去許多研究指出，早年生長環境會影響腦部神經發育，延伸到成年的行為模式。幼年受虐或被拋棄的兒童易有衝動性暴力行為出現，及一些心理疾病的危險，例如重度憂鬱症、精神分裂或焦慮症。

1991 年，藥理學研究所第一屆畢業生與師長合影，右二為簡伯武教授。

　　隨著社會型態變遷，校園霸凌與虐待兒童事件頻繁，在在都提升了早年生長環境壓力的危險性。簡教授利用與母鼠離乳後小鼠，將小鼠單獨飼養，發現早年隔離小鼠表現較多的攻擊、威嚇行為。若進一步給予急性壓力，則會明顯用咬的攻擊其他小鼠。此實驗結果顯示，在早年社會隔離後，成年時對急性壓力的耐受性似乎變差，易出現攻擊和焦慮行為。

　　簡教授進一步發現，早年隔離小鼠的海馬迴神經細胞突觸表面的 NMDA 受體中的 NR2B 有明顯增多。利用腦顯微手術將 NR2B 專一抑制劑在急性壓力前注入隔離小鼠的海馬迴內，結果發現，除了能減緩憂鬱症狀且能明顯減少隔離小鼠的異常攻擊行為，其作用機轉可能透過降低 Phospho-eEF2 量，提高神經滋長因子表現量來減緩攻擊行為。他將以神經滋長因子為標靶，開發治療青少年暴力行為的藥物。

　　簡教授感性地說，35 年來有幸能在充滿醫學專業和人文精神的優質環境，與眾多學者一同生活打拚。雖說研究非常辛苦，難免遇到挫折，但有時不眠不休地工作，當結果出來，那種喜悅及充滿自信的心情，卻是驅使他堅持追求的原動力。正視研究的難題，集中精神去思考解決辦法，並且化為樂趣，是研究成功的起點。

臺灣登革熱防疫經驗走向國際　林以行

　　回顧踏入微免學的關鍵，是林以行教授在讀師大生物系準備出國唸書時，受到在台糖及國科會任職的舅公王世中院士啟發。他當時已看到傳染性疾病的研究益發重要，親自帶林以行到糖研所圖書館教她如何蒐集研究資料，後來更推薦她去參加學術研討會。當時林以行聽了在美國任教的黃崑巖教授一場有關干擾素主題的演說，對他的風采印象深刻。

　　在美國天普大學獲得微免學博士學位後，林以行因緣際會來到剛成立3年的成大醫學院，在創院院長黃崑巖的帶領下開展教研生涯，令她感覺人生的緣分真是不可思議！

　　成大醫學院有著優質的研究環境，是一個充滿溫馨熱情的學術殿堂。她非常慶幸自己有機會在這個大家庭，與同事好友們共同切磋，讓學術研究的路途上充滿樂趣，毫不寂寞！

團隊合作營造良好氛圍

　　林以行一再強調在成大研究團隊的合作中獲得極大助益。成大醫學

院的團隊合作一向為人稱羨，由於同仁們對於研究的熱忱和慷慨無私的態度，無論在研究內容的建議和實驗所需材料，都給予彼此極大的幫助。

林教授所參加過的團隊中，其一為登革研究團隊。在黎煥耀教授創始領導下，經由緊密的團隊合作，從致病機制的研究，到現今對檢測、治療性抗體及次單位疫苗的開發，不因人事變遷而中斷。這些年一路走來，林以行獲得許多支持與協助，尤其是病毒學大師賴明詔院士和蘇益仁教授，在研究思考上，以他們的高度和遠見給予團隊直入核心的指引與方向。

其二為訊息傳遞研究團隊，張文昌院士帶領的細胞訊息傳遞研究維持了許多年，在研究主題的分工與合作下，蓄積深厚的能量與聲譽，並和日本學者時相往來，交流甚篤。

其三為 A 群鏈球菌研究團隊，由吳俊忠教授帶領之下持續發展，未曾間斷地培養出許多優秀學生，在不同層面上針對 A 群鏈球菌的致病因子和致病機轉進行系統性探討。團隊成員們之間無私地相互配合，營造出良好的研究氛圍！

累積登革熱防疫經驗

2014 年和 2015 年，臺灣爆發嚴峻登革熱疫情。有鑑於此，科技部臺灣重要新興感染症研究計畫辦公室於 2016 年完成專書《登革熱的臺灣經驗——從流行病學及臨床到基礎科學的新視野》。林以行擔任該書的執行編輯，並於 2016 年 5 月 25 日在科技部召開記者會。經過 8 年後，登革熱疫情於 2023 年又捲土重來。這代表了在抗登革病毒藥物或是理想的登革疫苗研發完成之前，登革疾病絕對是一個不能輕忽的傳染病。

林教授在參與國內外、校內外的會

2016 年，林以行教授擔任科技部臺灣重要新興感染症研究計畫成果報告執行編輯，完成專書《登革熱的臺灣經驗——從流行病學及臨床到基礎科學的新視野》。

議與演講時，促成了一些合作機緣，如與加拿大 Dalhousie 大學教授 Robert Anderson 有多年合作，與日本大阪大學教授 Tamotsu Yoshimori 和 Takeshi Noda，以及和馬來亞大學教授 Sazaly AbuBakar 分別有雙博士學位學生畢業，與美國 NIH 洪昭雄教授，以及南卡醫學大學 Julie Chao 和 Lee Chao 教授合作等，都成就了極佳的學術交流因緣。

她曾擔任成大傳染性疾病及訊息研究中心主任，每年舉辦國際研討會，洽談研究的合作和互訪。該中心培育的博士後研究員和專案助理教授，現已分別在成大或其他大學及研究單位任職。這些後起之秀以用心積極的態度，在學研與業界發揮長才，並承續團隊合作的精神，建立良好的傳承文化。此外，林教授曾擔任科技部（現為國科會）生科司微免及檢驗醫學學門召集人，期間推動人體微生物相（Microbiota）計畫，現階段進展相當有成效。

2020 年，林以行以成大微免所特聘教授之職退休，在成大服務共 34 年，發表 230 餘篇期刊論文、8 篇專書章節，並曾於 2008 年獲得科技部傑出研究獎，現為成大名譽教授。

1986 年，林以行教授（左三）陪同黃崑巖院長（左二）於赤崁飯店宴請外賓。

一生作育英才無數

　　林教授感謝歷年來令人窩心的學生們，這是她三十幾年來兼顧家庭與工作堅持不懈的極大動力。有些畢業學生現已在國內外各大學任教，或是與她在成大共事，他們優秀表現讓她感到薪火傳承的欣慰。除了學研界之外，有些則在醫界和業界發展，亦有不錯的成就。

　　她較特別的經驗是指導第一位成大與馬來亞大學雙博士學位學生 Nurhafiza Binti Zainal，目前已任職該校醫學微生物系講師（Senior Lecturer）。2017 年 8 月 23 日口試結束後，該生與口試委員於成大醫學院 11 樓微免所研討

2017 年 8 月 23 日，成大與馬來亞大學雙博士學位學生 Nurhafiza Binti Zainal（中）口試當日結束後，與林以行教授（右）、馬來亞大學指導教授 Sazaly AbuBakar（左）於成大醫學院 11 樓微免所研討室合影。

室合影，其中包括來自臺灣、馬來西亞、新加坡及加拿大等 4 國成員，獲得馬來西亞《星洲日報》報導與刊載。

　　林教授引用她刊登於 2017 年成大醫訊的一篇文章，以及那年夏天在英國鄉間拍攝兩張羊群照片。如果別人在當領頭羊時，我們就好好地配合，展現團隊默契來製造多贏；在恰當時機則換自己承擔當領頭羊，勉力將團隊帶到一個更肥美的綠地沃土！在羊群中還有一隻是黑腳的，顯現了多元族群的融合。這種精神也合乎《易經》中的漸卦，鴻漸於陸，意味著達成團隊合作的高超境界。這是她這輩子在學術研究之路上信奉的理念，並以此勉勵學生，也很欣慰學生們大多能確實做到！

悠遊於學術武林中的俠之仁者　蔡少正

有筆有劍有肝膽，亦狂亦俠亦溫文

—— 個人的偉大，不在於他成就了什麼，而在於他成就什麼事

江湖夜雨十年燈，雁行千里一日返

　　蔡少正教授於 1986 年畢業於成大生物系（現今生命科學系），是該系第一屆畢業生。1997 年 5 月某個早晨，在美國剛通過博士學位考試的蔡少正走進學校電腦教室，想依據昨天下午口試委員給的意見修改他的博士論文。坐定後他想：「先看一下電子郵件吧。」沒想到這個動作從此改變了他的人生，讓他與成功大學第二次相遇，展開長達 25 年桃李春風、杏林化雨的生涯。

　　早在蔡教授獲得博士學位的半年前，已有美國知名大學提供他一份不錯的工作合約，但收到醫學院生理所李碧雪所長的邀請後，他毅然決定放棄在美的工作機會，回國肩負起培育人才的工作。

他回國的初衷只有一個。在美國生活的經驗，讓他了解到只有擁有一流的人才，才會有強大的國家。當時全世界最優秀的學生都到美國留學，開放的政策允許傑出人才畢業後可以留下來工作，甚至歸化成美國公民。

為什麼我們的人才要為他國所用？為什麼我們不能培養並留下自己的人才？蔡教授與許多負笈海外的學子一樣，出國留學的原因只因當時臺灣高教尚未普及，且學術水準距離先進國家尚有一大段距離，只好遠渡重洋，取經海外。但他不相信臺灣培養不出傑出人才！因此他暗暗決定，如果有適當的機會，一定義無反顧返國培養人才。因此當母校召喚時，他才毫不猶豫地答應。

篳路藍縷創新猷，譽滿國際由舊章

蔡教授於 1998 年 2 月到成大任教，成為臺灣第一代助理教授。當時的學術潮流正從傳統的「人力密集」實驗，轉向「電腦輔助」研究。在「人類基因體解讀計畫」（Human Genome Project）推波助瀾之下，產生大量的基因序列資料，為了分析及應用這些資料，一門新興的跨領域科學「生物資訊學」應運而生。

蔡教授在讀博士班時，就對生物資訊特別有興趣。回國後，和分子醫學研究所孫孝芳教授攜手合作，首先在成大開授「生物資訊學」課程，接著在翁鴻山校長支持下成立「生物資訊中心」，推廣生物資訊學在生醫領域研究的應用，不但開授暑期研修課程，更到全國各地開授生物資訊研習營，把生物資訊學在全國各大專院校扎根，奠定臺灣生物資訊學發展的契機。目前臺灣生物資訊學界的人才，很多是當時蔡教授啟蒙出來的學生。

蔡教授對學術研究一直秉持著「以人為本、務實求真、快樂學習、創新突破」的初衷。他認為所有的研究，都是為了解決人類的基本需求，例如免於病痛或是便利生活。醫學院師生有其優勢可從事免於病痛的研究，而這種研究更貼近於生命的尊嚴，所以要以「即物窮理、追根究柢」的態度來面對。即物窮理在醫學上的意思是探討每一個疾病發生背後的原因，而追根究底是利用科學上各種方法，找出這些疾病的生理與病理機制。所

以，即物窮理是科學的根本，追根究柢則是靈感的泉源。

　　他要學生去思考領域內最重要且未被解決的問題，並思考為什麼這些問題到現在還沒有解決方案？目前的科學發展，提供了什麼概念、技術、方法、和儀器可幫助解決這些問題？了解後，自然可以「圖難於其易，為大於其細」，開創引領潮流的新穎研究之路。

　　正因如此，蔡教授獲得史丹福大學列為全世界前百分之二的科學家、美國癌症研究學會頒贈「2017年癌症研究最佳被引用論文獎」、美國實驗生物學及醫學學會頒發「傑出科學家獎」、美國生殖研究學會頒發「國際傑出科學家獎」、國際生理學聯盟遴選為第二屆院士，並在許多國際學會擔任重要職務。

寒雨連江研究路，冰心一片在玉壺

　　蔡教授認為研究之路崎嶇坎坷，要以「快樂」的心態來從事這些非常困難的科學研究，才能走得久、走得遠。所以他特別強調要做一個「快樂的研究生」和「快樂的老師」，因為「只有快樂的老師，才會培養出快樂的學生；也只有快樂的學生，將來才會成為一個快樂的老師」。

　　他從生理學角度來詮釋如何達到快樂的境界。他認為快樂不假外求，只要受到肯定和讚美，人的大腦自然會分泌一種快樂的賀爾蒙「腦內啡」，使身心自然產生快樂愉悅的感覺。要獲得肯定和稱讚的方法就是預先做好準備，即《中庸》所言：「凡事豫則立，不豫則廢」的道理。如此一來，自然「遇事不驚、臨危不亂、發揮量能、創造佳績」。

　　有佳績，就會受到肯定；受到肯定，就會產生快樂的賀爾蒙；有快樂賀爾蒙，就會更加努力，自然也會有更好的結果。所以他對快樂的定義是：游刃有餘就是快樂。他也以此勉勵學生，凡事只要提前準備，就會有好的結果，要未雨綢繆，不要

蔡少正教授對快樂的定義是：「游刃有餘就是快樂」。他也以此勉勵學生，凡事只要提前準備，就會有好的結果，就會受到肯定；受到肯定，就會產生快樂的賀爾蒙。

臨渴掘井。

　　蔡教授在過去二十幾年教職生涯中，最為人所樂道的，除了他做學問的態度和為人處世的哲學之外，就是他提攜後進不遺餘力的廣大胸襟。不管是在成大校內、在中國生理學會理事長任內，或是在科技部擔任生科司司長期間，蔡教授秉持他返國「為臺灣培養人才」的初衷，積極爭取最大的資源，幫助需要被幫助的人，開創更良善的研究環境，培育生科領域的明日之星。

蔡少正教授（右站者）鼓勵實驗室學生去思考領域內最重要且未被解決的問題，並思考為什麼這些問題到現在還沒有解決方案。

　　對於新進老師或在學學生，他從來不吝於分享資源。他認為如果人人都有「受人點滴，報之湧泉」的想法，不斷把愛傳遞出去，這個社會自然會越來越好，所以他抱持著「盡一己之力，圖社稷之強」的信念，不斷在他的崗位上幫助需要被幫助的人，給予各方面協助，讓他們可以走出陰霾，邁向陽光。

栽花插柳同心樂，風簷古道照顏色

　　蔡教授謙沖自牧，醉心於學術研究，以探討未知的人類疾病機制和培育未來的科研人才為己任，樂在其中，也希望能以此終老一生。但囿於中國人「學而優則仕」的觀念，現實環境不容許他獨善其身，他只好扛起知識份子的社會責任，曾歷任成大醫學院生理所所長、國科會形態生理醫學學門召集人、中國生理學會理事長、科技部生科司司長、美國實驗生物學及醫學學會理事、亞洲子宮內膜異位症學位會長、世界子宮內膜異位症學會學術大使，以及成大基礎醫學研究所所長等職務。

　　擔任科技部生科司司長期間，他積極推動基礎研究及產業創新計畫，為臺灣生物醫農領域的研究環境奠定堅實基礎，亦替臺灣生技產業規劃完善的長期發展目標。他不但在學術上樹己樹人，在國家上規劃百年大計，在國際上也發光發熱，引領潮流，豎立「書生報國，兼善天下」的典範。

沈延盛

團隊合作贏得「胰」線生機

沈延盛教授是臺南出生、長大的臺南囝仔,上大學時,成大還沒有醫學院。沒想到一轉眼,成大醫學院已成立 40 個年頭。而他也在這裡歷經人生各個階段:學士後醫學生、醫療服務隊、暑期研究、住院醫師、總醫師、博士班、醫師科學家、主治醫師、醫學院教授及醫學院院長;也遇見了終身伴侶,有了一雙兒女,結識相熟的同學夥伴、一路提攜的師長、難得有情的病人。走過 40 年,醫學院從全院僅有一個教學單位(醫學系),到如今眾多系所比肩同行。如沈延盛這樣從學生轉為師長的人日益增多。

開啟與成大醫學院不解之緣

沈延盛出生於臺南郊區小東路,1981 年自臺南一中畢業,憑著懵懂高中生對物理與化學的喜好,以及對系所的誤解,誤打誤撞進入臺大復健醫學系物理治療組就讀。在臺大求學時,他雖無法如願轉至原先心儀的理化領域,卻萌生嶄新的念頭:「假如有一天我真的成為醫師,要以能夠實質幫助、改進病人健康為方向做研究。」

那時，臺灣街坊流傳的口號是：「來臺大，去美國。」臺大畢業後，沈延盛也曾想出國深造。然而，考量現實與環境因素，再次改變他的計畫。後來，在服兵役時，受到醫學系學長鼓勵，沈延盛於 1987 年 6 月自金門退伍後，半工半讀地準備進修。1988 年，他幸運回到從小生長的臺南府城，成為成大學士後醫學系第五屆學生，自此開啟與成大醫學院不解之緣。

扎下堅實的外科研究基礎

進入成大醫學院就讀後，沈延盛開始跟隨肝膽胰臟外科權威林炳文醫師做肝臟再生及門脈高壓的暑期研究，也跟著前列腺素專家張文昌教授、解剖學翹楚沈清良教授學習實驗技巧。三年間不分寒暑，他沉浸於實驗中，不僅學習研究技術方法，更培養出覺察與深掘問題的研究習慣和眼光，為日後臨床研究奠下重要基石。

成為住院醫師後，在忙碌的臨床服務與學習中，沈延盛仍謹記所有治療行為，都應以思考及探尋如何救治病人為出發點。「如何解決病人的問題？」這個問題時時刻刻都縈繞在他的腦海中、內心裡。因此，他的研究方向與題目，往往來自臨床所見、病人所需。醫師生涯的第一篇論文，即源自他的第一台急診手術。

1998 年，總醫師訓練結束，沈延盛再次來到人生轉捩點。彷彿上天安排好劇本般，那年適逢成大臨床醫學研究所開始招生，於是他留在成大，成為臨醫所第一屆學生，進入主治醫師兼博士生階段。當時因人手不足，舉凡動物實驗、麻醉、所有鉅細靡遺的工作，均需一手包辦，疲憊而充實之餘，也讓他扎下堅實的外科研

沈延盛教授總是不吝於分享經驗，激勵年輕醫師看見問題、思考，然後行動。

究基礎，並在 2002 年轉為臨床教職醫師。

成為國內胰臟癌研究的權威

這段日子，沈延盛雖然參與胰臟癌的照護，但主要研究方向是胃部生理學及胃癌研究。事實上，胰臟癌的死亡率極高。早在 20 年前，沈延盛開始研究胰臟癌時，情況更是嚴峻。以前很多胰臟癌患者還沒診斷出來就過世了，究竟是否死於胰臟癌，無從得知。那時流行的玩笑話是，假設有胰臟癌病患活過 5 年，他肯定不是罹患胰臟癌，而是醫師誤診。

2000 年，時任成大醫院外科部主任林炳文教授指示沈延盛追蹤成大醫院胰臟癌病患的存活率。沈延盛統計了 40 幾個病例，沒想到全部都沒超過 1 年。林炳文大驚之下，決定與沈延盛開始研究胰臟癌問題。當時既無特效藥，手術也困難，沈延盛得從零開始摸索如何解決問題。

2003 年，沈延盛在林炳文教授的支持下，成立胰臟癌跨科治療團隊，結合內、外、血腫、放射及營養科等科室的專業。經過十餘年的努力，胰

2017 年，成大臨醫所出遊，沈延盛教授（左二）在南投埔里與家人合影。

才剛成為主治醫師不久的沈延盛參加 1999 年世界外科醫學會，追尋醫學新知。

臟癌第三期病患經降階化學治療後，再接受手術，5 年存活率可由 8％提升至 40％，甚至有些第四期病患經化學治療後，再接受手術的 5 年存活率可達 14％。

2006 年，沈延盛以參訪研究與教學為目標，至美國費城賓州大學進修。原先期待能繼續鑽研胃癌，沒想到胃癌並非賓州大學的主流研究領域。他只好每日走看是否有其他可借鏡學習之處。某天，他看到一位日本教授正在做研究，徵得該教授同意觀摩後，學到當時最新的 3D 細胞培養技術。

回到成大後，沈延盛將此項技術應用在胃癌腫瘤微環境的研究上，並獲林炳文教授支持，開始專心鑽研胰臟癌。另外，沈延盛也協助成大醫院爭取到卓越癌症計畫，之後又採用湯銘哲教授早先引入醫學院的原子力顯微鏡，相輔相成解釋並證明胰臟癌致病機轉，進而敲開後續相關治療與藥物開發之門，成就跨時代醫學研究。

2018 年，沈延盛以相關成就獲得國內臨床癌症研究歷史最悠久的獎項「徐千田癌症研究傑出獎」肯定，也是該獎項首位以外科醫師身分獲獎

的得主。他主導發表多篇胰臟癌、胃腺癌相關的論文，其傑出的研究成果，曾獲得主持國科會生技醫藥國家型臨床試驗計畫（NRPB）「使用電磁熱導針切除肝腫瘤之第一期及第二期臨床試驗」。近十年，他更榮獲 5 次國際外科醫學院（International College of Surgeons）傑出論文獎，並擔任亞太胰臟醫學會理事。

激勵年輕醫師絕不半途而廢

沈延盛擔任臨床醫師 30 年，面對眾多病患的病痛和問題，無時無刻反覆思考突破瓶頸的方法。根據他多年體悟，臨床上的確會發現有些現有藥物就是對某些病人無效，遇上治療瓶頸時，更想要解決它，總會追根究柢，反思自己對疾病的了解是否還不夠透徹。

他常激勵年輕醫師，看見問題、思考，然後行動，絕不半途而廢或拖延，「在還沒找到滿意答案的臨床問題，就是你的研究題目。如果對這些答案的追求，無法激起你的熱情，臨床工作恐怕將索然無味。」

科研訓練講究嚴謹明確。然而，研究精神必須保有好奇心與靈活的思維。探究的好奇、想像力、邏輯思考、實驗能力、資料處理，以及將成果呈現出來的行

上／沈延盛與台大的同學們的友誼依然持續至今，圖為 2018 年大家一起到沈教授家中作客。
下／2016 年，沈延盛教授出國訪問並參加國際會議，在斯洛伐克街景與雕像合影，顯露出玩心的一面。

動力，都是研究者的基本能力。

提供師生優質研究學習環境

沈延盛深知研究者在每日繁重工作中，不能閉門造車，必須多接觸不同想法。成為師長後，他不僅照護病人健康，也關注年輕學者成長與教學；2017 年擔任臨醫所所長，即著手設置獎助學金、建立訓練機制、提供進修機會。

2019 年 8 月，沈延盛接任醫學院院長，致力為師生提供優質研究與學習環境。他不但完成醫學院基礎建設更新，更運用個人在企業界、社會團體及校友等人脈，建立智慧教室、購置規劃高階共同儀器，提升師生研究修業品質。另也積極募款，設立獎學金，鼓勵研究生出國進修。

沈延盛承襲醫學院創院理念，致力培養具人文涵養、對疾病痛苦的高敏感度、科學態度與科學能力、完善的基本醫療技能，且有自我終身學習能力的醫學人才。同時積極結合產官學界資源，接軌世界，拓展院內師生視野，也提升醫學院國際能見度。

2017 年，成大醫院腸道靜脈委員會委員們到沈延盛教授（前排坐右一）家中聚餐聊天，共度愉快時光。

第三篇
成人之美：傑出校友

歷經 40 年歲月淬鍊，成大醫學院成功孕育了眾多兼具
人文關懷的醫療菁英服務社會。歷屆傑出校友在臺灣
各醫療領域中，不但都有長足的貢獻，未來也將繼續
照耀與發揮其影響力。

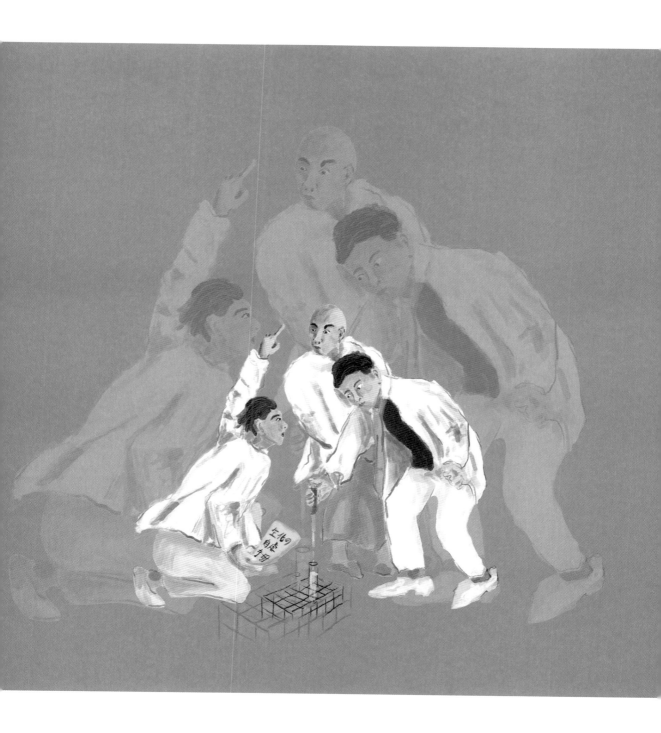

賴清德

誠實務實踏實打造「健康臺灣」

「誠實面對問題、務實擬定對策、踏實解決問題。」這是成大醫學院給賴清德副總統的訓練，更是影響他一生的生命信念。

成大訓練受用無窮

1986 年，賴清德第一次來到臺南，前往成大醫學院就讀。在成大求學、工作的十年期間，他接受了人文關懷的薰陶，以及實證科學的訓練。回過頭來看，不管是在政治或是醫學場域，都受用無窮。

投入政治後，賴清德深刻感受到，醫師是「治病」，而政治人物是「治世」，面對疾病與公共事務，雖然目標、對象不同，但同樣都重視「預防重於治療」。尤其是在成大醫學院求學的那段期間，他學習到三個非常重要的理念：

第一，是專業的醫學教育。因為成大師長的春風化雨，讓他有足夠的知識及能力，去幫助病人，不僅延長病人的生命，也幫助病人在有限的生命中增添光彩。

第二，是「人權」的觀念。人人生而平等，生命不分貧富貴賤，每個人都有健康權，醫師要盡其可能幫助每一位眼前的病人。

第三，是邏輯訓練。醫學是實證醫學，凡事要看證據、看數據。後來也影響了他從政的觀念，不管是在哪個位置，都要秉持「誠實」、「務實」、「踏實」這三個精神，對人民負責。

棄醫從政人生轉彎

1996 年，發生臺海飛彈危機，賴清德棄醫從政，人生轉了一個大彎。然而，政治上的角色更迭，不管是國代、立委、臺南市長、行政院長、副總統，「醫者」始終是賴清德的自我認同。成大醫學院的教育，對他意義十分重大。

也正因為成大，讓賴清德從新北市萬里的鄉間，來到了臺南市，在此落地生根。在成大的學習生涯，其實也標誌著他一段新生命旅途的開始。

賴清德於成大學士後醫學系畢業後，曾任職成大、新樓醫院主治醫師。

他始終相信，人的一生，要去做一件讓血會熱的事。從政如此，醫學也是如此。即便再也沒有機會穿著白袍坐在診間看病，但醫學和政治，都是一件讓人熱血沸騰、「雖千萬人吾往矣」的崇高成就。

　　走過 40 年歲月，成大醫學院已經扎穩地基、站穩腳步，成為臺灣醫學界的領頭羊。未來，成大也將繼續扮演老人醫療、智慧醫療、再生醫療、

左／1996 年，賴清德參選國大代表，為民主打拚。
右／任職立委期間，賴清德秉持「誠實」、「務實」、「踏實」這三個精神，對人民負責。
下／2020 年 11 月 4 日，統一獅隊在主場臺南棒球場迎戰中信兄弟，賴清德副總統親自到場為統一獅加油。

精準醫療的重要角色。不管過去、現在以及未來，成大醫學院都猶如母校的榕樹，庇護、照顧所有國民，並培養更多醫學新芽，在這塊土地落地生根、成長茁壯。

　　祝福成大醫學院 40 週年生日快樂，也期許醫學院在所有師長、校友及同學的努力耕耘下，不斷精益求精、持續創新，共同攜手打造「健康臺灣」。

2021 年 1 月 10 日，賴清德副總統至新北市瑞芳區動物之家擔任「一日志工」並拍攝宣導影片，呼籲國人應以認養代替購買，一起幫助無家可歸的毛小孩們找到一個溫暖的家。

江宏哲

從成大後醫系汲取人生養分

　　1989 年春季，江宏哲成為成大學士後醫學系第一屆新生，是他人生的重要轉捩點。黃崑巖院長懷著對醫學教育的挑戰與憧憬，迎接這一群來自各種不同背景的異質學生。雖然社會上普遍存在著「Teach old dog new skill」的揶揄，但這群學生看到的是黃院長的堅持與期待。院長常說，他希望改變臺灣醫學教育學生來源的同質性，希望 30 年、50 年後創造學士後醫學系學生在社會不同角落發光發亮。

　　黃院長的影響了江宏哲畢業後的生涯規劃，成為一個非常態的醫師。歷經行政官員參與臺灣健保開辦與健保卡開發製作發行、擔任過大學教授，如今江宏哲是一家多特異性抗體與外泌體載藥平台的新藥開發公司總經理。

　　進入成大後醫學系前，他是大學公共衛生學講師，主要工作是研究 1970 至 1980 年代臺灣快速工業化造成工業衛生與勞工健康的衝擊。進入後醫學系學習，他希望未來在職業醫學能有更多認識與獨立思考及研究能力。

　　黃院長的醫學教育改革讓江宏哲深深受益。當時傳統醫學教育仍針對

身體個別器官教學,黃院長高瞻遠矚,規劃的醫學教育是整合相關器官的系統式教學。雖然學習上緊湊而負擔沉重,但學生對生理與病理的疾病認識更全面化,提升思考上的多元與獨立性。江宏哲感謝成大後醫學系提供這一份特別的人生養分,更感謝有幸在黃院長的教育下孕育接受職涯挑戰的能力。

畢業校友互相支持

1989 年入學至今,有許多後醫系畢業生在各醫院與各行業服務。在健保局服務期間,江宏哲因工作關係常要到立法院向各黨派立委說明與溝通政策。當時賴清德擔任立委,江宏哲也曾多次到他辦公室請益政策執行的策略方法。賴委員總是熱情地叫他學長,讓他備感親切。

江宏哲在國衛生院擔任研究員期間,也曾因為環境毒物學對心血管疾病影響與臺大醫院職業醫學部蘇大成醫師多次討論。蘇醫師在完成內科醫師訓練後投入職業醫學這個人才稀少的特殊科別領域,相信也是深受黃崑巖院長的影響,為社會付出貢獻。

互相親切的問候,是支撐成大學士後醫學系在社會網絡的重要支柱。他感謝成大醫學院,帶給他豐富的職涯發展。成功的教學模式,讓他能在每一個職務上有獨立思考的能力。

上／2009 年至 2017 年,江宏哲擔任國衛院研究員兼主任秘書,接受不同職涯的挑戰。
下／1989 年 1 月 29 日,成大後醫學系畢業典禮,江宏哲(左一)與家人合影。

葉寶專

一點一滴編織雲林精神醫療網

葉寶專曾是臺大醫院雲林分院精神科醫師,臺灣社會早期對精神疾病多有忌諱,他卻義無反顧投入,從無到有建立起雲林的精神醫療網。3 年前退休後,他轉任信安醫院院長,持續守護病友,只因「路不走完不啟程」,要做就要堅持做到最後一刻。

投入精神醫學 建立雲林醫療網

葉寶專畢業於東海大學生物系。1983 年退伍後,他茫然不知未來人生之路要怎麼走。隔年 2 月,適逢成功大學設立學士後醫學系招收首屆學士後醫學生,他順利成為其中一員。醫學生畢業前要選擇主攻專科,精神科向來並非熱門科別,但葉寶專卻認為自己的個性、氣質,都與精神醫學領域很契合,投入至今逾 30 載,無怨無悔。

當時成大醫學院附設醫院精神部主治醫師雖少,卻有「臺灣兒童青少年精神醫學的開山鼻祖」之稱的臺大醫院副院長徐澄清親自坐鎮,另外還有李明濱、林信男等教授,由國內精神醫學界泰斗級人物指導,成大與臺

大兩院間的高情厚誼可見一斑。

　　雲林是精神醫療資源相對匱乏的縣市。1994 年 8 月，葉寶專初到省立雲林醫院服務時，全縣只有 3 位精神科專科醫師，卻要撐起全縣兩、三千名精神病患。他仍記得當時病人都在天還沒亮之前就到醫院排隊，他也一大早 6 點半就開始看診，以蠻荒之地來形容雲林精神醫療情況，一點也不為過。

　　1995 年，省立雲林醫院興建精神醫療大樓，設有急性病床 50 床，成為雲林精神醫療網的責任醫院。從省立雲林醫院、署立雲林醫院到 2004 年改制為臺大醫院雲林分院，歷經「三朝」元老，葉寶專親眼見證雲林精神醫療篳路藍縷，從沙漠變成綠洲。

　　他向雲林縣衛生局爭取通過，自 1999 年起至水林鄉、東勢鄉設置巡迴醫療站。葉寶專也主動出擊，開始居家訪視，先在醫院方圓 10 公里以內主動發掘隱藏在家中的個案，逐漸納入精神醫療網絡，以便妥善照顧。

1989 年，第一屆成大學士後醫學系畢業典禮後，葉寶專（左二）與黃崑巖院長（中）以及其他同學開心合影，歡慶畢業。

退而不休 換跑道再啟程

　　首屆後醫系系主任黃崑巖院長是擁有人文關懷的醫學教育推動者，非常在乎學生的學習態度和精神。他曾提毛筆寫下：「不想走完不啟程」（Go all the way, or don't go at all.）。在成大醫學院的圖書館前，仍可以見到黃院長的題字。

　　這句話的意思是，從醫是一條不歸路，既然已經啟程，就要勇敢繼續向前行。這也深深影響了葉寶專的行醫生涯，他許下承諾，居家訪視及下鄉巡迴醫療持續不中斷，彷彿和病人有了約定，在需要中看到責任。2020年9月，葉寶專從臺大醫院雲林分院退休，隨後轉任斗六信安醫院副院長，再升為院長。對他而言，精神科醫師的工作既是責任，也是承諾。這條路他還沒「走完」，只是轉換跑道，重新啟程。

　　以往幫助病人就醫是他的使命，如今，他的使命是要幫助病人回家。慢性病房的病人通常有7至8成回不了家，有些無家可歸，有些是有家歸不得。葉寶專希望病人把信安醫院當作是自己第二個家，在這裡感受到溫馨與快樂。因此他致力營造家的氛圍，期望病人心靈獲得些許安慰。

　　他自認一輩子都在做小事，就算勉強說的大事也是這些小事的集合。但他沒有忘記，這些小事或許正是病人生命中的一件大事。

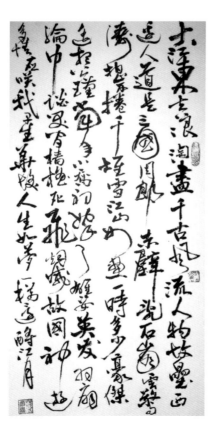

葉寶專自學書法，一手好字蒼勁有力，還辦過許多場書畫展覽。

人生要追求真善美

　　葉寶專除了醫術精湛外，也熱愛書法、水彩畫及唱歌。他透過臨摹王羲之、柳公權等字帖，寫得一手好字；投入水彩畫創作，

2018 年醫療奉獻獎，葉寶專（三排右二）與老師陳誠仁（前排右三）同時獲獎。兩人一個在雲林架起精神病防治網，一個在嘉義基督教醫院力行改革，一起讓愛照耀到醫療資源不足的地方。

畫作色彩鮮明，筆觸大膽，人物畫更是生動活潑，舉辦過多場書畫展。

　　賴清德是他在成大後醫學系學弟，曾經主辦過校內的卡拉 OK 歌唱大賽，當時葉寶專以〈The Godfather〉電影主題曲奪下第一名，好歌聲讓賴清德印象深刻。後來只要一見到葉寶專，賴清德就會熱情地向別人介紹：「這是我學長，他不只醫術好，唱歌又好聽，成名曲是〈My Way〉。」其實賴清德只聽過葉寶專唱過〈The Godfather〉，卻一直誤以為他的拿手曲子是〈My Way〉，間接透露出這對學長學弟都堅定地走在自己選擇的道路上，即便不被所有的人理解，也沒有絲毫後悔與遺憾。

　　下鄉巡迴醫療時，葉寶專像病患的朋友。病人看診時，對著他唱歌仔戲，唱出心中的苦楚，傾吐內心的不快。葉寶專認為，生命的長寬高，由自己決定。生活多元化，生命就會變得豐富精采，這就是他想要追求的人生。他堅信人生要追求真善美，即真誠、善良、美麗，不僅感動人心，也深具自我療癒效果。

劉宏輝

行醫一生只求利人心志

　　劉宏輝教授畢業於成大醫學系，進入臺大醫院神經部完成住院醫師訓練後，擔任臺大醫院神經部主治醫師，並完成藥理研究所博士學位。期間分別負笈美國約翰霍普金斯大學、日本東京大學及德州大學西南醫學中心完成博士後研究訓練及訪問研究員。爾後歷經講師、助理教授、副教授，以深厚的學術與優秀的教學成就，於 2008 年擔任臺大醫學院神經科暨藥理學科教授，從台大退休後，2023 年 8 月轉任輔大醫學院副院長迄今。

研究癲癇症和巴金森氏症

　　劉宏輝的研究重心與主題著眼於癲癇症和巴金森氏症的致病機轉，由臨床實證出發，配合動物模式、電生理學、分子生物學、基因學及藥理學等基礎醫學，進行系統研究，並陸續發表研究論文，長期獲得國科會和科技部肯定與支持，研究觀點及論文多為國外知名學術期刊引用，具有廣大的影響力。

　　由於他的研究領域正為目前醫療學界急迫解決的難題，經常應邀至世

界各國神經醫學會講座及擔任座長，與當前一流學者共同討論解決問題。

　　1996 年，因研究巴金森氏症的致病因子，劉宏輝榮獲美國神經醫學會傑出學者研究獎（Bruce S. Schoenberg Award）。1999 年，完成全亞洲與臺灣首例的視丘下核燒灼術及深層腦刺激術，治療巴金森氏症，同年亦完成全臺第一例迷走神經刺激術，治療難治型癲癇症病人。2016 年，更獲臺灣癲癇醫學會傑出研究獎，研究成果斐然，廣受肯定。

　　劉教授不僅學而不厭且誨人不倦，於 2004 年至 2007 年陸續獲頒北美臺大醫學院校友會－臺大醫學院最佳基礎醫學教師獎、臺灣大學教學傑出教師獎，並於 2015 年再度受頒臺灣大學教學優良教師獎，將傑出的研究，化育人才，教學卓越。

關注高齡醫學與健康福祉

　　2016 年，劉宏輝教授奉派至臺大醫院雲林分院服務，期間親歷臺灣偏鄉高齡老化的嚴重實況，城鄉之間衰老差距更是高齡者的現實樣貌與社會大眾認知之間的巨大鴻溝，而察覺人口老化將是未來全臺灣共同的景況。

　　劉教授深以為慮，即認為有必要師法先進國家，創立國家級高齡醫學暨健康福祉研究中心，以全球的視野、國家的角度，宏觀、整體地思索臺灣的高齡化問題，訂定健全高齡社會福利和健康政策，讓長者得樂其心志耳目，安其寢處，健康樂活。

　　「上醫醫未病之病，中醫醫欲病之病，下醫醫已病之病」，劉教授善盡知識分子的責任，上醫醫國，為國家高齡化的未來擘劃願

上／2017 年，劉宏輝教授主筆完成《國家級高齡醫學暨健康福祉研究中心設立構想書》，並送至總統府。
下／1996 年，劉宏輝教授榮獲美國神經醫學會年度傑出學者研究獎（Bruce S. Schoenberg Award）。

景，構築制度與體系。在楊泮池校長支持下，主筆撰寫《國家級高齡醫學暨健康福祉研究中心設立構想書》，呼籲國家投注資源為臺灣人的老年樂活做好準備與規劃。

白皮書於 2017 年完成後，獲中央重視，蔡英文總統於 2019 年 7 月 29 日親蒞臺大醫院雲林分院，聆聽劉教授簡報國家級高齡醫學暨健康福祉研究中心之構想，當下深表贊同，並且當即指示編列高達 55 億元的經費，構建研究中心，以落實高齡社會健康的時代使命。

阿波羅計畫照護雲林長者

在臺大雲林服務期間，劉教授觀察到地方長者因健康適能缺乏和交通偏遠的阻隔，未能獲得適切的醫療及社會福利照顧，而造成長者提前衰弱和失能的遺憾。心忖醫者若能多一份關愛，患者便可少一分痛苦。

為了落實偏鄉長者的照顧，更為了消弭一切形式的醫療不平等，他首創全球最新構想地「休士頓阿波羅計畫」，藉由在社區長青食堂中裝設遠距通訊設備，與基層醫師分工合作，主動協助長者生活及提供即時的醫療服務，並建立雲林區域醫療網，促進偏鄉民眾就醫的便利性、公平性及提升醫療品質。

阿波羅計畫實行後 3 年，在地的長者們高血壓普遍降低、握力增強和走路速度加快，身體狀況都有明顯進步；同時發現長者們健康意識明顯增加，懂得利用醫療資源。例如，在牙科及各科門診利用率分別增加 100% 和

上／劉宏輝教授秉持「事了拂衣去，不留身與名」的行事風格。
下／阿波羅計畫榮獲 2021 年日本政府內閣官房健康照護政策辦公室「健康老化亞洲創新獎」準大賞。

15％，急診室使用率下降 20％，住院使用量減少 3％，顯示透過「阿波羅計畫」，促使長者們重視自身健康，達到提早就醫、早期診治之目的。

此計畫藉由落實社區的健康促進功能，以減緩長者失能的時程，更為全球老化面臨的困境提出實踐解決方案，其創新構思於 2020 年榮獲臺灣服務稽核協會（TSAA）臺灣永續行動「金獎」、2021 年獲日本政府內閣官房健康照護政策辦公室「健康老化亞洲創新獎」準大賞，同年亦榮獲生策會國家新創獎「臨床新創獎」。成果廣受國內外學界共同肯定，劉教授更於 2022 年獲選為臺灣醫療典範獎。

立下醫者濟世懷仁的志向

劉教授回首當時在成大醫學系唸書的時刻，受到黃崑巖院長的身教帶領，豎立了學習典範，學子們都立下身為醫者，當存德醫雙馨，濟世懷仁的志向，精醫重道，仁心惠世。

劉教授一向秉持「事了拂衣去，不留身與名」的精神，以及遠赴阿富汗奉獻生命的中村哲醫師「照一隅」三個字為其行事風格，行醫一生，奉獻一生，不求名利，只求利人心志，厚德載物施仁術，大醫精誠濟蒼生。

劉宏輝教授（中）獲得 2022 年臺灣醫療典範獎，由賴清德副總統（左）頒獎。

蘇大成

環境醫學的學思之路

蘇大成醫師於 2018 年 8 月接任臺大醫院環境職業醫學部主任，從忙於三高及冠心病治療與研究的心臟科醫師，轉為職業病鑑定、職場臨場服務及環境醫學的環境職業醫學醫師。

因童年經歷立志學醫

蘇大成生長於屏東縣九如鄉，他的父親蘇鴻麟是屏東里港打鐵店蘇家的長子，1953 年自臺大醫學系畢業，返鄉服務。蘇大成自小看到許多鄉民因病致貧、因貧拖病、殘廢致死的案例。他們一生病，就到蘇鴻麟開設的診所就醫，而他也常半夜騎機車到偏遠鄉下看診。這些童年經歷造就了蘇大成長大後的志向與從醫救人的信念。

為求得更好的升學機會，蘇大成在高二時，從屏東高中轉學到臺北中正高中。但幾經挫折，皆未能如願讀醫學系，於是他先就讀臺大公共衛生學系，了解公共衛生與預防醫學的重要性。

一圓從醫救人之夢

就讀臺大公衛系期間，蘇大成加入臺大醫訊社，開始關注社會弱勢團體。歷經臺大普選事件、臺大醫訊事件，養成了他關切弱勢團體、公共事務的用心，更磨練了他爭取民主自由的勇氣。

退伍後，蘇大成於 1985 年進入成大後醫學系就讀，自此展開醫學與生命的探索旅程，一圓從醫救人之夢。令他至今念念不忘的是「出埃及記」，這是成醫創院時重要的歷史。

因成大醫學院附設醫院在 1988 年才落成，黃崑巖院長希望前三屆（78至 80 級）學生能接受最好的見習及實習教學，所以排除萬難，將成大學生送到臺大醫院學習，待醫院完工好再接回學生。

從歷史、地理與人文等不同角度，欣賞歌劇創作，說明了黃院長對醫學生的用心與薰陶。蘇大成深受黃院長的感召，堅信學做人是成為醫師的重要歷程，至今仍深深懷念黃院長的身教。

爭取住院醫師銓敘

蘇大成在內科第三年住院醫師時，結合志同道合的學弟們，成立成大醫院住院醫師聯誼會，為住院醫師爭取權利。當時國家要求擔任住院醫師必須高考及格，卻未銓敘，每年僅是聘派條例任用，爾後到其他機關任職，並無公務資歷。為爭取住院醫師權利，蘇大成等人發起全院簽名，赴立法院開公聽會、送陳情書爭取銓敘，獲得成大醫院院務會議成員們一致通過。

1990 年 6 月 9 日成大畢業典禮後，蘇大成醫師（右）與父親蘇鴻麟合影，父子倆在行醫之路上造福人群。

校友賴清德醫師當時也一起參與公聽會，送陳情書給立法院教育委員會。在蘇煥智立委持續努力下，數年後完成了爭取銓敘的使命。透過體制內努力與協調，完成爭取「教育部所屬國立大學附屬教學醫院的醫護人員銓敘案」。

走上環境心臟學之路

後來，蘇大成北上參與臺大心臟科李源德教授的金山社區心臟血管疾病世代研究。在李教授磨練下，培養了蘇大成上山下海做研究的能力與勇氣。之後他選擇冷門又不賺錢的環境心臟學，也獲得另一半童寶玲醫師的全力支持。童醫師現為新竹臺大分院婦產科主任，夫婦倆在行醫路上相互扶持。

1998年，蘇大成攻讀臺大職業醫學與工業衛生博士班，指導老師是「臺灣職業醫學之父」王榮德教授（現為成大講座教授）。眼見蘇大成的博

上／1995年7月22日，蘇大成醫師與黃崑巖院長合影，至今他仍感念黃院長的身教與人文素養。
下／新竹臺大分院婦產科主任童寶玲醫師（左）是蘇大成醫師在教學、研究及行醫路上最堅強的後盾。兩人鶼鰈情深，2023年4月14日於桃園名人堂花園大飯店合影。

士論文發表遲遲未果，王教授要求他每週六早上到辦公室修改論文，逐字逐句切磋修訂，再三叮嚀。王教授的鼓勵，讓蘇大成勇於面對這條艱困且鮮少人關注的環境心臟學之路。

科學研究推動社會進步

面對氣候變遷下的極端氣候及空氣汙染，蘇大成於2012年至臺大實

驗林管理處溪頭森林遊樂區，拜訪臺大森林系教授蔡明哲。兩人暢談後，蘇大成決定投入森林醫學的研究。

2015年，臺大醫學校區團隊科學研究證明，臺北都會區空汙會造成頸動脈血管增厚及血壓上升。同年4月14日，蘇醫師團隊實地測量並發現龍山寺香火鼎盛，空氣汙染嚴重。他於心臟學會年會中報告後，隔天引起多家媒體爭相報導。

2015年，龍山寺將原本有7座香爐減至3座，2017年舉行封爐儀式，最後於2020年禁香。如今，龍山寺少了燒香煙火，多了花香與心香，足見科學研究與理性論證可協助推動社會進步。

蘇大成醫師從金山社區研究到森林醫學研究，從公共衛生走進心臟醫學，再走進環境醫學，從心臟內科進入生活醫學的研究。過去40年來，他具體實踐醫師必須走出醫院，走入人群與社會，才能知道民眾需求。這也是從事科學研究的臨床醫師應積極扮演的重要角色。

2023年3月30日，成大醫學院暨醫學系40週年校友演講系列活動，蘇大成教授（左）受邀返回母校演講，講題為「環境心臟學的學思之路」。另一位講者為國衛院環境醫學研究所所長陳保中（中），右為成大醫學系系主任謝式洲。

謝仲思

無悔奉獻偏鄉二十年如一日

40 年前，謝仲思醫師剛服完預官役，參加學士後醫學系入學考試，考場剛好在成功大學。第一次來到成功大學，古樸宏偉的校園有種莊嚴的氣氛，果然是南臺灣的學術殿堂。

黃崑巖院長親自口試與授課

很幸運的，他通過了筆試，口試主考官恰巧是黃崑巖院長，考場氣氛十分緊張。黃院長微笑著問他：「你為什麼要習醫？」看到黃院長慈祥和藹的面容，他便覺得輕鬆許多，詳詳細細地回答了許多問題，像是「救世濟人的宏願」、「到偏鄉行醫的志向」等等。

黃院長在口試時倒是問得少，聽得多，不時面帶笑容，有時微微點頭，一場口試像是向長輩吐露心聲一般，十分愉快。不久後，謝仲思就被通知錄取成大學士後醫學系，讓他欣喜若狂。

1985 年 9 月，第二屆後醫系開學了。當時，醫學院的教室只完成一部分的工程，基礎醫學的課程就在那些新教室中如火如荼的展開。因為第

二屆剛好是醫師國考分為基礎及臨床兩階段考試的第一年,再者,成大醫院仍在趕建之中,所以第三學期完成之後,必須北上與臺大醫學系合班上臨床課程及見習實習。

　　要與臺灣第一志願的臺大醫學系合班上課,大家都十分高興,但也很緊張,怕程度跟不上。黃院長十分辛苦,安排了所有教程與進度,同時延聘許多優秀師資,如解剖學科沈清良教授、生化學科高教授、何月仁老師、藥理學科多位教授等,皆為當時最優秀的學者,師資一流。

　　而且黃崑巖院長還親自授課,教導微生物學、醫學英文、醫學倫理。黃院長說:「環顧現今醫學能治癒的疾病,僅有 15%,人類仍在積極研究,力求突破與發展。但是醫德的部分應力求滿分,極力給予病患最佳的照護。」為了實現完美的醫學教育理念,黃院長時常與學生生活在一起,諄諄教誨、如沐春風。

　　解剖學則由知名的大師沈清良教授親自傳授。沈教授常說:「大家都覺得解剖學困難,我則認為,只有不會教的老師,沒有教不會的學生。」聽完這句話,同學們都十分感動,努力努力再努力,不讓老師失望。

　　所幸,施鏡秋同學當過解剖學科助教,大公無私地幫助全班同學,他不辭辛勞的精神,正展現出優良醫師的作為,是同學們學習的楷模,再加上生化學科何月仁老師辛勤的教導,第二屆學生以優異的成績完成基礎醫學教育,也順利地通過第一階段的國家考試。

與臺大醫學系合班共同學習

　　1987 年,成大後醫系正式與臺大七年制醫學系合班。除了共同科目在七講堂授課之外,有些科目在臺大

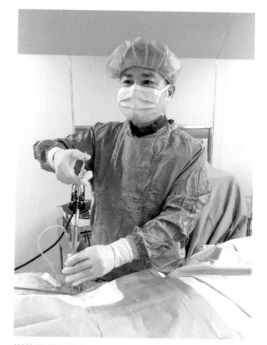

謝仲思醫師執行腰椎間盤凸出的微創手術。

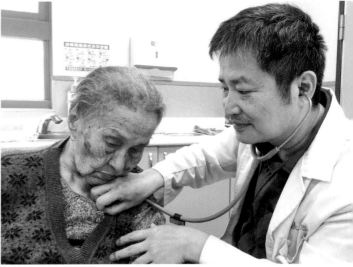

左／謝仲思醫師深夜探視病人情況，堅守崗位，善盡救人職責，展現十足的醫者精神。
右／謝仲思醫師照護此長者從 80 歲至今 105 歲，二十五年如一日。

景福館上課，學生宿舍則在臺北市立陽明醫院的員工宿舍。這些福利都靠黃院長辛苦奔走、接洽而得來的。為了讓學生能夠安心習醫，黃院長的確不遺餘力奔走四方，力求各方之援助，只為作育英才。

　　進入臺大醫學院，不論師資、同學，都是全國頂尖的人才。因此，成大醫學系也安排了許多優秀的老師，在生活及學業上輔導學生。記得當年，邱仲慶導師對同學的啟發及幫助很大。

　　經過 5 個學期的努力，戰戰兢兢的奮鬥不懈，謝仲思終於完成臨床課程，於 1989 年回到成大醫院當實習醫師。由於成大醫院是南臺灣的大醫院，剛成立不久，但病患很多，病況也很嚴重，全班只有 48 位同學當實習醫師，任務十分繁重。此時醫院及醫學院的師長們更加努力，不辭辛勞的教導及鼓勵同學。

　　記得新生兒科的林其和醫師經常三更半夜的帶領著實習醫師幫早產兒、新生兒做治療，這樣的精神與作為令人感動。辛辛苦苦的實習生涯，在 1990 年 6 月結束，終於畢業了，緊接著就是第二階段醫師國考、公務員高考，及臺大醫院外科住院醫師考試。本著成大醫學院養成的認真精神，

謝仲思於 1990 年至 1996 年，在臺大醫院的精實教育及訓練之下，成為神經外科專科醫師。

選擇枋寮醫院展開行醫生涯

「救世濟人」及「偏鄉行醫」的初衷，是謝仲思在黃崑巖院長口試時的回答，在習醫至成為專科醫師的 12 年間始終如一。於是，在 1996 年他選擇了屏東縣枋寮鄉的枋寮醫院展開他的行醫生涯。

由於地理位置特殊，枋寮有戰備跑道，通往墾丁的道路車速飛快，車禍及頭部外傷發生頻繁，需由神經外科開顧的個案也很多。初到枋寮醫院服務時，謝仲思每個月都要執行許多件腦部外科手術，多年來他幾乎每天 24 小時堅守岡位，甚至曾在 1 個月內執行多達 15 件，且其中有 13 件還是發生在深夜。

因此，醫院從急診開始擴充編制醫護人力，設備也增設 64 切高速電腦斷層、1.5T 核磁共振掃描、高階 X 光機及超音波等高科技儀器，以使在最短時間內完成相關檢查、確立診斷做適切的處置或手術。術後可將病人安置在他精密設置的南臺灣第一個乙級加護病房精心照護。

謝仲思剛到枋寮醫院只有 49 床，現在已經 228 床；一開始只有 4 個醫師，現有 40 個醫師。他們認真守護著南臺灣東港以南、臺東以西的恆春半島居民的生命安全與身體健康，日以繼夜，努力不懈。

感念成大師長們鼓勵及支持

雖然謝仲思已經畢業多年，師長們仍不時的給予鼓勵與支持，並於 2016 年榮獲傑出校友，獎勵他多年來的努力。

40 年了，成大醫學院由黃崑巖院長創立至今，由於精神感召及全院師生共同努力，作育英才無數。如今，謝仲思願將恆春半島居民的讚譽，作為慶祝醫學院 40 週年的最佳賀禮，同時感謝成大醫學院所有同仁，為他們所做的努力與貢獻致上極崇高的敬意。

趙昭欽

行醫之路以病人為先

　　趙昭欽醫師踏入成大學醫之路，迄今已有 35 年，一路走來感謝母校栽培。他回首就讀成大醫學院時，學校提供完整醫學教育、人文素養與人文關懷環境，兼顧醫學生的醫術與醫德完整養成。

　　成大醫學院是一所務實、認真教學的醫學殿堂，不僅設備好、師資水準高、教學認真的態度與對學生嚴格要求，讓學生養成實事求是、務實及認真等特質，也讓趙醫師日後在行醫路上建立以病人為先的觀念。

以腸胃內科為終生志業

　　猶記當時黃崑巖院長特別重視學生多元化的人文素養，一再叮嚀，醫師不光是要有醫術，更要有醫德。黃院長是良師也是益友，更是學生學習標竿。他提醒學生凡事要堅持到底，始終如一。他曾說：「不想走完，就不要啟程；既已啟程，就要達成目標，永不放棄。」雖是簡單一句話，卻一直深烙在趙昭欽醫師的心中。

　　求學過程中，趙醫師對內科特別感興趣，因內科是全人照護的科別，

重視邏輯思考及整合性分析，需要全面掌握一個人的各個疾病及相關因素，包括生理、心理、社會、環境等，才能給予適切的治療。因此，畢業後，內科成為他的不二選擇，之後更以腸胃內科作為終生志業，希望在行醫生涯中，給予病人完整的照顧。

他投入臨床工作後，聆聽病人訴說身體及心理痛苦，感受到他們把醫師當作是生命的依靠。他從傾聽中抽絲剝繭找出病人生活的細節，透過專業判斷，全方面考量，再給予病人最好處置。在醫療過程中除了檢查、檢驗外，他感受到溝通與心靈支持才是創造醫病關係最好管道，病人在病情改善後說一句「謝謝」，是他行醫路上獲得最好回饋與滿足。成大醫學院良好醫學教育與人文關懷成就了他的理想。

在成大醫學院學習中，也讓趙昭欽懂得團隊合作的重要性。學校教學過程強調「團隊」，而一個好的團隊應各自發揮所長、互相協助與提點。因此，重視團隊、經營共同目標，成為他後來在醫院經營管理上最重要的養分。

開啟醫務管理里程碑

2003 年，受到秀傳醫療體系黃明和總裁提攜，趙昭欽接任岡山秀傳醫院院長，開啓生涯中醫務管理的新里程。他不斷自我砥礪，希望能透過團隊帶領，為病人提供更優質醫療品質與醫療服務。

同時，他也積極投入非營利團體，從事公益活動，如擔任高雄縣醫師公會理事、財團法人醫院評鑑暨醫策會評鑑委員、高屏區醫院總額醫療服務審查委員會委員、醫院醫療服務審查執行會高屏分會委員、臺灣橋頭地檢署醫療審議委員會委員及社區團體顧問等。透過多元參與和學習，除自我成長外，也活絡社區、團體與醫院間良好交流與互動，讓醫院成為社區民眾健康的守護者。

2016 年，岡山秀傳醫院面臨高市合併後，市府以 ROT 方式公開醫院經營權招標的挑戰。幸而在同仁們 15 年篳路藍縷、胼手胝足的付出與耕耘下，深獲社區民眾感動，主動發聲支持。醫院運作績效也在委員肯定下，

在眾多優秀醫療體系中取得「最優申請人」資格，繼續經營岡山醫院，並改造就醫環境、投入重大醫療設備、優化醫療品質等。2021 年，奪得第 19 屆金擘獎民間團隊優等獎及公益獎雙項殊榮，是對團隊經營岡山醫院 20 年來最大的肯定，身為院長的趙昭欽倍感榮耀。

經營岡山醫院過程中，深感地區醫療資源分配不足，趙昭欽獲得黃總裁支持，毅然向衛福部爭取岡山地區「區域級」醫院申設，即高雄秀傳紀念醫院，並接下醫院新建案的規劃設計主持人。以行醫初衷從零開始醫院各項軟硬體與願景的擘劃，目前新醫院也正在順利興建中，預計 2024 年 9 月啟用，期望未來能連結更多醫療工作者，為在地民眾打造完整的醫療照護鏈。

成大醫學院不但有扎實的專業知識，更有豐富的人文素質。醫學不僅是技術，更是一項使命，趙昭欽汲取這些養分，讓他在從醫路途上，能持續懷抱對醫療的熱情和責任感。他自我期許能在醫療領域努力奮進，為病人、社會和母校帶來更多光輝。

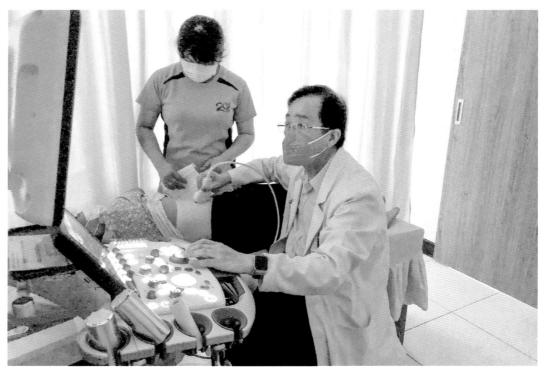

趙昭欽院長以腸胃內科作為終生志業，希望在行醫生涯中，給予病人完整的照顧。

高嘉璘

用愛與溫暖傳遞前進力量

高嘉璘

　　高嘉璘來自彰化員林，家境清寒。在成大求學階段，她必須爭取獎學金；寒暑假逢年過節，選擇留在醫院輪值大夜班，如此才能賺錢，繳交新學期註冊費、學費、房租及生活費。

　　畢業後，高嘉璘投入醫學臨床工作，一年後選擇再次進修，並主動向徐主任表示要將工作所存下來的第一筆 20 萬元，捐贈給系上學弟妹。徐主任高興地說：「這是畢業系友的第一份捐款。」高嘉璘很榮幸自己有能力可以幫助和她同樣來自清寒家庭的學弟妹。

　　取之於成大，用之於成大。在 2017 年設立系友高嘉璘獎學金，長期鼓勵清寒學子努力進取，用於急難救助、國際論文發表及培養護理專科人才，竭盡一份心力。高嘉璘深刻記得成大醫學院的核心價值，也是創院黃崑巖院長的話：「不想走完不啟程，既然啟程，就必定走完全程。」

投入公益服務不遺餘力

　　婚後的高嘉璘致力於公益服務，並與同樣是成大校友的先生江弘佑，

一起投入公益服務。她認真積極，超強的行動力號召群眾，把資源帶入偏鄉，翻山越嶺至偏鄉，再遠再偏僻，都能抵達，希望讓更多人看見公益。她把公益專業能力延伸到偏鄉、偏鄉中的偏鄉、部落離島、中南美洲邦交國及非洲許多國家，20 年多年來照顧超過 2,000 名弱勢孩子。

高嘉璘長期關懷彰化二林喜樂保育院清寒及多重功能障礙的孩子，他們就像高嘉璘的孩子，一見面一定又親又抱。

身為護理人員的高嘉璘，深深體會護理學系系訓：「同感、尊重、敬業、愛人。」她也真切落實到生活中，創立愛的平台，成立公益聯盟組織，號召社會大眾聚力成愛，無所不在。

高嘉璘長期關懷彰化二林喜樂保育院，該院有 240 幾位清寒及多重功能障礙的孩子。他們就像高嘉璘的孩子，一見面一定又親又抱。其中有一位入住三十幾年的院生，從不會注音符號到識字，全靠著腳趾頭敲鍵盤，創作出 400 百多篇詩集，身殘心不殘。還有一位男孩是重症肌無力患者，曾代表臺灣到日本及中東國家參加國際競賽，得到最高殊榮，下一個目標是參加奧運，想要奪得金牌，為臺灣爭光。

在艱困中看見愛的力量

疫情爆發蔓延 3 年多，高嘉璘特別關注第一線醫護人員的需求。當時隔離衣一套難求，她竭盡所能到處奔波，陸續給予上千套隔離衣，讓第一線醫護人員有更好的裝備。

疫情高峰時，她更捐贈成大總校 500 份維他命，也在護理學系成立科技教室 iNursing Space，為國際護理教育的成功竭盡一份心力。另也持續募集 5,300 份快篩劑至臺灣各地需要的地方，其中 1,800 份分送到臺灣護

左／在新冠肺炎疫情期間，高嘉璘完成第一本公益繪本《我有一個夢：凱瑟璘》。
右／2023 年第 13 屆「成功登大人」新鮮人成長營，高嘉璘以「我有一個夢：一位臺灣女孩的生命故事」為題，向現場學弟妹分享奉獻公益的生命歷程，及探討如何運用成大豐沛的學習資源與自身努力完成夢想的成功心法。

理學會，300 份送達成大護理學系。

　　高嘉璘出版個人公益有聲繪本，印製 1,200 本送到臺灣偏鄉各級學校，鼓勵學童們勇敢實踐夢想。她馬不停蹄完成 100 場公益演講，在各個場域與不同對象，發揮生命力、影響力及貢獻力。

　　成大醫學院院長沈延盛曾公開表示：「高嘉璘所做的事情成為成大師生最成功的表率！」這對高嘉璘有無比的激勵作用，讓她期許自己以最美好的眼界做人處事，永遠利他，只要能為母校貢獻心力，必定全力以赴。這個世界需要用愛與溫暖，傳遞一份力量，讓臺灣偏鄉及世界角落處處可見生命的馨香。

　　在一次花東公益服務結束後，高嘉璘與先生返回臺北，已是深夜。她問夫婿說：「你今天開心嗎？」他回答，內心很滿足。公益服務最迷人之處就是看見孩子燦爛的笑容，用生命影響生命是前進最好的力量。

　　2023 年第 13 屆「成功登大人」新鮮人成長營，高嘉璘受邀返回母校，以「我有一個夢：一位臺灣女孩的生命故事」為題，向現場學弟妹分享奉獻公益的生命歷程，以及探討如何運用成大豐沛的學習資源與自身努力完成夢想的成功心法。

黃文貞

從理工到醫學的非凡之旅

　　2023 年 8 月，在臺灣婦產科醫學會 112 年度年會暨擴大學術研討會上，黃文貞醫師獲大會邀請，針對婦女泌尿專科進行專題演講。黃文貞醫師娓娓道來，過去 20 多年來，在婦女骨盆、婦女尿失禁與婦女骨盆鬆弛等領域，所累積的臨床與超音波影像研究成果。

成大學醫帶來不同經驗

　　出生於高雄，黃文貞小時成績不錯，因憧憬北一女中的儀隊，國中畢業後便報考臺北市高中聯招，也如願加入儀隊。高中時她又受到李遠哲院長得到諾貝爾獎的激勵，希望效法大師，考取上臺大化學系。然而因為家庭因素，化學系畢業後她沒有選擇繼續出國深造，而是聽從母親建議報考成大學士後醫學系。

　　在成大醫學院就讀期間，許多體驗都奠定了黃文貞後來發展的基礎。黃崑巖院長人文專業兼具的風範，深深影響了黃文貞身為醫師的理想，實習期間與師長及學長姊的互動，身處第一線為患者進行服務的經歷，幫她

日後獨立尋求解決問題及持續學習的習慣扎下基礎。令黃文貞津津樂道的是，某年必須跟一位同學在全院外科病理討論會報告。在指導老師的協助下，她與同學花了一個月從完全不懂到完成報告，獲得當時病理科主任蘇益仁教授在大會上公開讚揚，當時她們真的超有成就感。

赴美深造學習最新技術

畢業後，黃文貞到馬偕醫院婦產科擔任住院醫師，後來到國泰醫院服務，原本是接受婦癌次專科的訓練，卻在完成學習後因緣際會展開婦女泌尿次專科的專業生涯。由於婦女泌尿當時仍是很年輕的次專科，黃文貞採納之前馬偕醫院楊振銘老師的建議，納入手邊最方便的超音波機器為患者進行臨床診療。超音波在婦女泌尿的應用仍屬未開發的領域，所以她與楊振銘後來一起共同發表了許多相關國際論文。

也因為這些論文，黃文貞獲得了到美國俄亥俄州克利夫蘭診所深造的機會，在婦女泌尿方面師承 Mark D. Walters 教授，學習當時最新的尿失禁手術技術（經閉孔尿道中段懸吊手術），並獲邀為 Walters 的婦女泌尿教科書撰寫一篇超音波應用於婦女骨盆機能的章節，同時也在 Jerome L. Belinson 指導下學習婦科癌症專業知識。

返國後，黃文貞將所學應用於患者身上，持續發展精進臨床與學術，這些成果也獲得國際 SCI 期刊的認可與刊登。回顧至今的醫學專業生涯，黃文貞體會到且感恩在成大醫學院受到教育與薰陶，對她日後面對困境、解決問題、持續學習，都有深厚且正面的影響。

2016 年，黃文貞醫師（前排右一），致力於解決婦女相關疾病與持續臨床研究，在婦產科領域上有傑出表現，榮獲成大 85 週年校慶優秀青年校友。

劉嚴文

幹細胞重建「心」世界

劉嚴文教授是成大七年制醫學系第一屆畢業生，退伍後他選擇回到成大醫院，進入內科部接受住院醫師及心臟科研究醫師訓練，於 2006 年晉升內科部主治醫師。

臨床業務繁忙，劉嚴文仍不忘持續精進，選擇攻讀成大臨床醫學博士班，並在 2012 年取得博士學位。畢業後獲得「成大醫院菁英計畫」，2013 年負笈美國西雅圖華盛頓大學，在 Charles E. Murry 教授指導下從事幹細胞心臟再生研究，取得豐碩成果。

2015 年，劉嚴文完成華盛頓大學博士後研究回到了成大醫學院，在心臟內科臨床醫師的工作外，還建立了心血管疾病與再生醫學實驗室，延續在華盛頓大學的研究。2021 年，晉升成大醫學院心臟內科教授暨臨床醫學研究所合聘教授。

成醫人多一點人味兒

劉嚴文在成大醫學系念書時，創院院長黃崑巖常到班上與同學聊天，

暢談他對人生的感想及對成醫學生的期盼。當年黃院長常掛在嘴邊的一句話：「成為良醫之前，先做成功的人。」所以人文教育在成醫醫學養成過程中極重要。

當年，大一、大二是通識課程，毫無醫學相關課程，經由通識教育培養人文素養及終身學習的訓練。這種方式不見得適合每位成大醫學生，但確實也造就了當初成醫畢業生與其他學校醫學生的不同氣質。

劉嚴文憶起當初在軍醫院擔任見習醫官時，醫院學長提及成大畢業生與其他醫學院學生不同，多了一點「人味」，較能跟病患與家屬溝通，理解其話中隱藏含意與擔心之處。正如劉教授現在常跟學生說：「雖然大家都是講中文，但你說的，病患不見得聽得懂。試著用病患的話語來解釋病情和說明治療計畫。」

見習經驗影響行醫生涯

影響劉嚴文至深的是醫五那年，他在胸腔內科見習時，遇到當時是第一年住院醫師王景民（現為柳營奇美醫院內科部主任），他告訴劉嚴文，內科是「講道理」，所有疾病應有一套致病機轉，若你想的機轉都無法說服自己，那八成以上的機會就是錯了。

王景民醫師一番話，為劉嚴文開了一扇窗，得以窺見病態生理學的奧妙。時至今日，劉教授仍習慣利用生理學、分子生物學及病態生理學的知識來探討疾病致病機轉，尤其是罕見或重症疾病，並從中找出治療的契機與切入點。

另一次負面經驗也深深影響劉嚴文。醫六那年，劉嚴文在整形外科見習，某次看過抽脂手術及乳房重建手術後，他詢問整形外科老師：「是否可將抽脂手術抽出的脂肪打入胸部做隆乳或乳房重建手術？」

那時，自體脂肪豐胸手術仍被認為不可行，所以劉嚴文被臨床指導老師訓斥了一頓，直呼怎麼可以把脂肪抽出後打入體內。爾後，劉教授體悟到臺灣學生被認為缺乏創造力，除了從小教育制度影響，某部分是老師無法接受學生異想天開的想法。

推動幹細胞移植臨床試驗

　　身為心臟科醫師，劉嚴文常治療心肌梗塞病患。雖然現今醫療可大幅降低心肌梗塞與心衰竭的死亡率，但現行的治療方法仍無法促進心肌細胞的再生。

　　2013 年，劉嚴文到華盛頓大學幹細胞與再生醫學研究中心進行博士後研究。他發現，經由移植多能性幹細胞衍生的心肌細胞，可成功使心肌梗塞的猴子心臟再生出新的心臟肌肉（Nature 2014）。然而，這項研究中有致命性缺點：接受細胞治療的猴子，其心臟功能卻與實驗對照組（未接受細胞治療的猴子）的心臟功能無異。

　　劉嚴文因在成大有豐富臨床經驗，加上已接受博士後研究訓練，對轉譯醫學研究有深入見解。仔細琢磨實驗結果，再以臨床醫師觀點來探究可能原因後，他大幅修正大動物心肌梗塞模式，重新設計整個實驗流程，終於證實在發生心肌梗塞的猴子心臟移植「胚胎幹細胞分化的心臟肌肉細胞」，猴子心臟再生出數量可觀的心臟肌肉，修補心肌梗塞部位，減少心肌梗塞的影響，並可大幅改善受損的心臟功能（Nature Biotechnology 2018）。這項成果促使細胞治療研究往臨床應用跨前一大步。

　　但在臨床治療上應用「多能幹細胞」之前，仍有許多難關需要克服，其一至關重要的難題是移植後的免疫排斥。劉嚴文主持的心臟再生實驗室成功克服此難題，從臨床角度來看，此免疫優勢能使病人在細胞移植後，使用相對低劑量的免疫抑制劑，即能

2018 年，劉嚴文教授（右二）領導的團隊榮獲科技部未來科技突破獎，從科技部長陳良基（左二）手中領取獎座。

維持移植物存活，有效減少藥物引起的腎毒性與感染風險，優化病人生活照護品質。

科學研究之路很艱辛，幹細胞研究與大動物實驗皆需龐大經費，雖有多項國科會計畫、成大計畫及多年的

2023 年，劉嚴文教授（左二）跟隨沈延盛院長（左三）及醫學院其他老師，到京都大學細胞及材料科學整合研究所（iCeMS）交流拜訪。

成大醫院任務型計畫來支持幹細胞研究，但仍入不敷出。秉持對研究的熱誠與使命感，不願看到研究計畫因經費問題而中斷，劉教授每月自掏腰包，補貼研究經費不足之處，幸有家人體諒與支持，才能持續堅持下去。

劉教授團隊已陸續發表多篇研究成果於國際期刊，也培育多位博士生與研究人員。未來首要目標是帶領成大醫院細胞治療中心，推動多能幹細胞進入臨床試驗，並建立中、南臺灣 iPSCs 中心，與中央研究院的 iPSC 細胞聯盟，形成臺灣南、北細胞治療研究的雙引擎。

與成大團隊攜手前行

劉嚴文對成大醫學院充滿感激，沒有成大的栽培，他無法達成今日成就。誠如劉嚴文的一位日籍病患所言，他很喜歡成大，因為成大及臺南與他的母校京都大學很像。

當劉嚴文還是醫學生時，成大人喜歡說「北臺大、南成大」，凡事都要與臺大競爭比較。如今為人師表的劉教授，心中的企圖是要與成大醫學院基礎醫學老師及醫院醫師們在研究道路上一起前進，將細胞治療與幹細胞研究深耕於成大，使成大成為「幹細胞治療」國家級研究發展中心，未來成為全球「心臟疾病幹細胞治療」的領導團隊之一，立足於世界。

林秋烽　作育英才是利他利人福業

「成大畢業」是個印記，或帶有幾分職場保證，也是使人期待的甜蜜包袱。臺北醫學大學醫學系微生物及免疫學科主任林秋烽教授自認很幸運，從成大醫學院（成醫）畢業 4 次，包括：成醫微生物及免疫學研究所（1996 年至 1998 年碩士班學習）、成醫基礎醫學研究所（1998 年至 2002 年博士班學習）、成醫微生物及免疫學研究所（2002 年至 2006 年博士後研究）以及成醫臨床醫學研究所（2006 年至 2014 年教學服務研究），總是在接續的每一個階段，如同畢業的成大校友般，全力以赴。

度過成醫美好時光

趨於四十不惑之年，他考慮再三仍決定離開成大，因為他相信自己在成醫的經歷與滋養，足以面對爾後的挑戰！成醫 40 在即，回想自己的學思歷程，在第一天起便深受黃崑巖教授薰陶，一句「不想走完不啟程」，怎能不讓所有成醫人當下省思自己，立志未來！

「成人之美」亦可寫為在成大學習的美好時光，恰如學生階段，樂活

生活在府城古都，揮汗在光復自強球場，自是幸福。南臺灣的炎炎夏日，自校園任何一方或自球場返回醫學院，走在樹蔭下，不斷微透著光影，以及不停的窸窣葉聲，最能感受所謂的大學之道。

當時的他，自然地解讀意由心生自由自在，學習偶有放空，或見山是山，或見山不是山的體現。有別於駐足各校區懷古遺蹤時的時空漫遊，從小東路走進醫學院裡開啟生命探索之路，應對的是大大小小論證科學真理的舞臺。

投入為人師表行列

「謀事在人，成事在天。」行事若有成，記得一定要謝人謝天！投入為人師表者行列，林秋烽在教學服務研究三項職人工作優游自在，就像成醫圖書館旁石牆所記：「先學做人，方做醫。」同樣地，「先學為人，方為師。」

林秋烽向他的恩師林以行教授看齊，作育英才是一種責任，與學子的互動重於過程，視其成長蛻變進化是一種享受利他的福報，正如黃朝慶醫師轉載的佳句：「師者，應像園丁照顧花園，必須每天辛勤地工作，很久以後的某一天，才會突然繁花盛開。」

近來於北醫大，林秋烽將研究創意推廣於公共服務，他帶領著團隊協助更多研究者轉譯個體免疫相的變化，或可作為輔助診斷、疾病評估以及治療標的。他期待自己與成醫人都可成為一位有執行力的專業人才，啟動基礎醫學研究與創新臨床醫療的契機。他也將永遠帶著「成大畢業」的印記，繼續接受挑戰。

林秋烽（後排左）在成大基礎醫學研究所、微生物及免疫學研究所任教期間，與美國分子生物學家 Yusuf A Hannun 教授（後排右），以及學生黃薇靜博士（前排左）、恩師林以行教授（前排中）、妻子陳嘉玲博士（前排右）難得留影。

讓不可能的夢想成為可能

何雅琦

　　高三時經由推甄，何雅琦進入成大醫學系。那時，黃崑巖院長提出許多發人深省的理念，如不想走完不啟程；成為良醫之前，先成為成功的人；Opportunity favors the prepared mind.（充實準備才能脫穎而出）；強調基礎與臨床結合，從國內外網羅優秀的基礎研究（如湯銘哲、蘇慧貞、謝奇璋老師）和臨床師資（如林炳文和林其和醫師）。

　　面試主考官黃院長問：「為什麼要念醫學系？」大部分高中生答案都是濟世救人，但何雅琦想用基礎醫學的方法解決臨床問題，用 20 年達成此夢想。

　　上課時，她對微生物學特別有興趣，大四升大五的暑假申請美國在華醫藥促進局－先靈寶雅暑期研究獎學金（黃院長於 1985 年創立，1989 年由國科會推廣至全國大專生研究工作獎學金），在何漣漪老師實驗室研究創傷弧菌的致病機轉。半夜 12 點，何雅琦獨自做病理切片，或到圖書館找相關文獻，用印表機複印閱讀。她發現創傷弧菌的蛋白酶是主要的致病原因，用英文口頭發表，也確定自己想要做這些實驗。

出國見習開拓視野

　　黃院長建立醫學生出國見習的管道。經由他與耶魯大學鄭永齊教授協助，何雅琦在耶魯大學醫院腫瘤科見習1個月。當時，賴昭翰學長（成醫90級）跟學弟妹說，晚上要去看病人，了解病情。於是，何雅琦晚上去看病人、念教科書、查文獻，隔天早上用不輪轉的英文努力與其他耶魯醫學生一起跟查房、報告病人情況，得到腫瘤科主任寄回臺灣的推薦信。

　　大六時，何雅琦經由黃達夫醫學教育基金會到杜克大學見習3個月。這些出國經驗讓何雅琦發現：世界很寬，自己很渺小，臺灣不一定要全盤複製美國系統，但要知道世界上最頂尖的醫療、最新的科學進展。

體悟良醫人文關懷

　　從成大第一名畢業（斐陶斐）後，何雅琦在臺大內科做住院醫師訓練，第一年就遇到SARS，三次輪值愛滋病房，因此喜歡上病毒感染疾病。

　　她在臺大感染科做次專科訓練，跟著洪健清醫師學習用臨床研究方法解決愛滋病問題，同時攻讀臺大臨醫所碩士班，師從王維恭老師和張上淳醫師，研究抗藥性金黃色葡萄球菌的根除模式。

　　後來，她到臺大雲林分院擔任主治醫師，到雲林監獄為愛滋病人看診，也曾在水淹及膝的颱風夜去臺西偏遠醫院支援。這些臨床經驗讓她看到象牙塔外人生的不同面向，體會到良醫是面對病人時，能了解他們的生活背景與需求，提供適合他們的醫療服務。這就是「成為良醫之前，先做成功的人」的人文關懷。

2000年，何雅琦升大六的暑假，在耶魯大學醫院腫瘤科見習，與耶魯大學藥理所鄭永齊教授合影。

愛滋研究成果斐然

抗病毒藥雞尾酒療法讓愛滋病人得以控制病情，過正常生活，但抗病毒藥得吃一輩子。為根除愛滋病毒感染，何雅琦和先生莊毓民（成醫90級）考取教育部留學獎學金，一起出國念基礎醫學博士班。

在約翰霍普金斯大學醫學院細胞分子醫學研究所博士班，何雅琦師從 Robert Siliciano，研究愛滋病毒潛伏機轉。那時江伯敏學長（成醫90級）已在約翰霍普金斯大學病理所念博士班。有學長的幫忙，她較快融入美國研究生活，發明了第一個全病毒定序方法（Cell 2013），成為霍華德修斯（Howard Hughes）國際學生獎學金的第一位臺灣人，也獲得 Phi Beta Kappa 榮譽學會會員（美國的斐陶斐），以約翰霍普金斯大學年輕研究獎5年畢業。

2017 年，何雅琦（第一排左二）擔任耶魯大學微生物研究所助理教授，第一年就拿到兩個 R01 級研究獎助，4年升等副教授，5年接博士班研究所所長，並獲選為美國臨床研究學會會員。

畢業後，何雅琦獲得 Andy Kaplan Prize、Gilead HIV Scholar、Yale Top Scholar、美國國衛院獎助升教職。之後取得耶魯大學微生物研究所助理教授教職，一年內拿到兩個R01級美國國衛院獎助。她在4年內升等副教授，5年成為耶魯微生物研究所博士班所長，獲選美國臨床研究學會會員（美國醫師科學家的專屬學會），目前擔任美國國衛院研究經費審查委員，手上有12個該院獎助的研究計畫。

憶往成大美好時光

何雅琦回想大一時騎著單車和室友到大學路上的美而美外帶早餐，趕著上通識課；跟著班上同學跳土風舞比賽，隨著林劭潔學姊（成醫90級，後來成為指揮，也是外科醫師）在國樂社拉二胡參加團練。大二時，何雅琦跟著林威宏學長（成醫90級）辦的第一屆成大醫學營當小隊輔。大三、大四在永遠背不完的書裡邊哭邊準備考試，大五、大六緊張又興奮的在醫院見習；大六跟著許永居（成醫90級）會長辦醫學系學會活動，大七在沒值班的半夜去幫忙神經外科的急診刀。

成大醫學系給她無限的鼓勵、機會、勇氣和訓練，讓遙遠的夢想也成為可能。人生的路很廣，世界很大，不要拘泥於現有制度的框架，眼光放遠，努力準備，挑戰自己，「擇你所愛，愛你所選。」這也是黃崑巖院長對成醫人的鼓勵。

2013 年，何雅琦從約翰霍普金斯大學細胞分子醫學研究所博士班畢業，獲得 Phi Beta Kappa 榮譽學會會員、Straight A、霍華德修斯（Howard Hughes）國際學生獎學金、約翰霍普金斯大學年輕研究獎等。

紀淑靜

推動凝聚護理專業的影響力

　　1979 年，紀淑靜自婦嬰護專（現今輔英科技大學）畢業後，直接進入林口長庚紀念醫院工作，在職場上學習不忘在職進修。猶記，初入成大校園，吸引她並駐足最久的醫學院圖書館，圖書館門口寫著：「醫學教育的目標，在於培養和啟發學生成為一位學術精湛既有良心又有愛心的醫護人員，亦是一位終身好學的社會賢者。」

亦師亦友傳道授業解惑

　　學習（To learn）、發現（To discover）、照顧（To care），字裡行間就好像告訴紀淑靜，她找到她要學習的場域，更肯定自己想學習的目標，也開啟了進入護理系研究所就讀之旅。研究所的學習，豐富了她查閱資料、研讀文獻，更奠定她邏輯思考的脈絡、研究的基礎及專業素養，造就她在職場上的自信及成就。

　　在研究所研讀期間，令紀淑靜印象深刻的是和一群年輕的同學一起學習。同學們常常相約圖書館尋找文獻、研讀文章並討論，將實務與實證連

結。另外，和指導教授所指導的學姊、學妹共同討論研究主題、研究進度、研究困境等等，每一次的報告都會激發出很多不同面向的討論，是壓力也是成長的動力。學習過程難免有挫折，在成大護理系有許多亦師亦友的教授們，常是她諮詢的對象。教授們的研究室一杯茶、一杯咖啡，言談間解惑她許多的疑問。

從護理專業到跨領域學習

值得一提的是，除了在護理系修課外，紀淑靜還到管理學院選修課程。印象深刻且影響她工作生涯的兩門課是「人力資源管理」及「領導與管理」。從護理專業到跨領域學習，除護理行政學習，更加深了領導與管理的廣度。護理部在醫院應是人力最多的單位，擔任護理部長時，最重要是人力資源管理，選修這 6 個學分，在實務工作上有非常多啟發，深深影響紀淑靜在職場上的成長及發展，讓她一路從護理部長到醫療品質副院長，以及從私立醫療機構護理業務協進會理事長到中華民國護理師護士公會全國聯合會（簡稱護理全聯會）理事長。

義大醫院醫療品質副院長紀淑靜（右三）率領義大醫院護理部主管到成大醫學院研習，與成大護理學系黃美智教授（左三）互相交流經驗。

紀淑靜目前擔任義大醫院醫療品質副院長，工作範圍涵蓋病人安全及醫療品質相關業務，在院內規劃並稽核病人安全相關的作業，帶領團隊落實病人安全文化，並以病人為中心的理念，透過疾病照護品質認證，連結縱向及橫向溝通，提供病人最優質服務。

醫院需要透過外部稽核，如醫院評鑑及認證機構肯定。從 2008 年起，她帶領義大醫院團隊完成 4 次的國際醫院評鑑（JCI）及 3 個疾病別（CCPC）認證，2003 年正準備挑戰第 5 次 JCI。在國內也通過衛福部的準醫學中心及 9 個疾病別認證。紀淑靜也是衛福部聘請的醫院評鑑及疾病品質認證委員，除了輔導義大醫院外，也經常在全國各醫院分享及輔導醫院，包含成大醫院。

爭取權益打造護理友善職場

公共事務方面，在所有會員支持及鼓勵下，她於 2022 年 3 月擔任護理全聯會理事長，正巧面臨疫情期間，高風險、高壓力、過勞及低薪的工作環境，需要帶領護理團體，透過不同管道提供建言，打造護理友善職場，還有許多議題需要面對與突破。

在醫療場域工作近 40 年，紀淑靜一路走來如履薄冰，除自我要求外，感謝成大醫學院護理系師長們的培育及教誨，從 Work hard 到 Work smart、從臨床教學到學校教學、從講師到助理教授。服務、教學、研究，在目前強調實證醫學的醫療環境，更需要與時俱進，學習新知是沒有時間與年齡限制。傳承、分享、授業、解惑，長留她心中並實際執行。未來，她希望有機會回成大護理系上專題行政課程，並鼓勵學弟妹，與成大醫院合作，繼續教學相長，更以「成大人」為榮。

2023 年 5 月 12 日國際護師節，立法院跨黨派立委舉行「有護理師，才有未來」記者會。左二起：中華民國護理師護士公會全國聯合會理事長紀淑靜、時代力量立委陳椒華、國民黨立委張育美、民進黨立委陳靜敏及邱泰源等人，共同呼籲政府重視護理人員權益。

張文輝

展現為自己而學的好學精神

2004 年，張文輝就讀成大醫學院口腔醫學研究所，對當時的他來說是令人興奮的事。由於診所開業穩定，診所醫師大多是研究所畢業，且當時診所固定每週有一次病例討論會，為了言之有物，張文輝的內心有更上一層樓的想法，加上成大一直是他喜愛的學校，衝動就變成付諸行動了。

人生活到老學到老

張文輝是口醫所第二屆，入學口試時，當時 45 歲的他因年紀較大，老師們問他為何來考，他答道：「活到老，學到老。」現在回味這句話，人生似乎也是如此，對自己感興趣的事，就有學習動力。

剛就讀研究所，常發生趣事。張文輝的年紀因比同學們大了一大截，有些老師開始上課前會以為他是其他科系的老師或醫師來旁聽，有時會跟他點點頭、打招呼，甚至還會問他：「請問您是……？」讓他覺得很不好意思。

在口醫所學習的大多是臨床工作較無法得到的知識，最重要的是學習

左／張文輝（右）就讀成大口醫所期間，李澤民教授常幫忙他處理動物實驗檢體染色。
右／張文輝（左一）的指導老師王東堯醫師（左二），做事嚴謹，對學生有一定的要求，張文輝應該是他第一個畢業生。

如何以科學方法來印證思想，因較有邏輯性，活化了他在臨床工作所遇到問題的思考，也有助於畢業後面對一些公共事物的看法。

求學時，考試是他最大的壓力，年紀大記性較差，常背了半天，一上考場，記住的寫完，忘記的就不容易回憶起來，常看著試題發呆，但很幸運都能安全過關沒被當掉。

良師益友助臂之力

由於張文輝的臨床工作很忙，而實驗要做骨膜細胞培養，大他一屆（口醫所第一屆）的吳侑俊學長是他重要的依靠。除了請他當家教、複習功課外，他也在實驗室幫忙張文輝養細胞、數細胞，大大節省時間。當時，每當考試快到了，吳侑俊就會出現在候診室。張文輝每看完一位患者，就出去聽吳學長講一下重點，現在回想起來真是滋味無窮。

張文輝的動物實驗是做羊下顎骨截斷後保留骨膜和不保留骨膜骨癒合的差異性。由於動物實驗過程都在摸索中，那時楊俊佑教授帶著張志偉醫師到屏東科技大學動物醫院幫忙，並提供器械和豐富經驗。從畢業迄今，楊教授一直是張文輝的良師益友。

張文輝的指導老師王東堯醫師，常和他一起跑屏科大動物醫院。王醫

師做事嚴謹，對學生也有一定的要求，張文輝應該是他第一個畢業生。張文輝覺得寫英文論文的壓力較大，加上工作忙，有些部分寫完中文後再請當時正在加拿大讀高中的兒子翻譯謄寫。沒想到竟也被王醫師看穿：「你寫的好像是高中英文。」最後經他逐一修改才完成論文。

在成大讀研究所認識了許多師長，如李澤民老師（當時是助理教授），張文輝的動物實驗檢體的染色及廢棄物處理也是有他幫忙。他後來也到張文輝的大學母校高雄醫學院擔任口腔醫學院院長。

39 歲時，張文輝擔任成大扶輪社社長，47 歲從口醫所畢業，接任臺南市牙醫師公會理事長。在任期間，他推動臺南縣市公會合併，正值賴清德醫師競選臺南市長，成功協助他推動 65 歲臺南市老人假牙政策。賴清德平易近人，後來擔任行政院長，看到張文輝也主動趨前打招呼。

成大醫學院先有口醫所，後成立牙醫學系，讓成大牙科發展更為完整。張文輝身為口醫所校友期待未來成大牙醫系學弟妹能續留學校深造，並在牙醫界發光發熱。

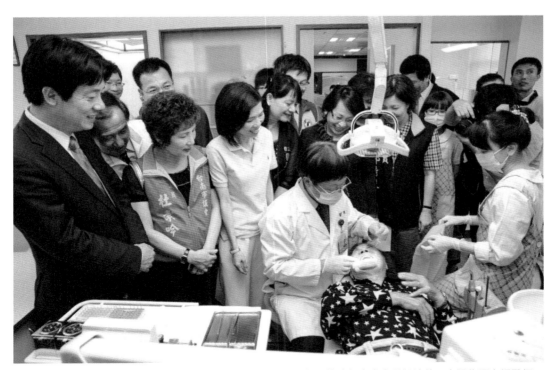

臺南市 65 歲老人免費假牙計畫記者會在家庭牙醫診所召開，左一為時任臺南市長賴清德，中間為張文輝醫師。

以公共服務行動回饋鄉里

蘇世斌

　　蘇世斌是土生土長的臺南六甲人，家裡歷代務農及從事地方公職服務。從小耳濡目染下，他對地方公共事務產生興趣，初中畢業後赴臺北就讀建國中學，後來考上臺大化工系。1984年，他考取臺大學士後醫學系，最大收穫是有機會接觸到國內大師及各領域專家。

教學相長收穫無窮

　　公費服務期間，蘇世斌優先選擇回到臺南故鄉服務，由臺南醫院起步，然後分發到新營市衛生所基層服務。因對地方制度及地方各項公共衛生事務產生興趣，他於1988年接受奇美醫院指派駐臺南科學園區擔任診所主任，有機會在臺南科學園區陪著園區成長，也培養獨當一面作業的能力。同時，他在醫院鼓勵下，攻讀成大醫學院環境醫學研究所在職進修學位，並轉向相關的職業衛生領域。

　　當時環境醫學研究所匯集了一群年輕且受過完整學術訓練的老師，他們與蘇世斌年齡相仿，彼此教學相長，定期討論各項學術公共衛生及職業

醫學領域等議題。

例如與由哈佛大學返國的郭浩然教授指導從事各項流行病學的研究，蘇世斌有機會參與國內外各項研討會及發表一篇篇的論文；有機會認識其他不同領域的老師，更能結合臨床實務上應用，在愉快且充滿成就感的學習環境下繼續攻讀博士學位，最後於 2012 年通過教育部教授資格。

兼顧學術與醫療服務

成功大學有非常自由的學風，並有一群年輕、負責任、願意投入指導學生的老師。蘇世斌特別建議學生需要主動找老師討論問題、定義及分析問題、找出解決問題的方式，並從中學習各項學術寫作及發表。

他印象最深刻是每日由南科下班後先到醫學院找郭浩然老師，順道送老師回家的途中，一起討論研究題材及寫作文章。在繁忙的醫療工作中，同時兼顧學術成長與醫療服務，也提升醫療執業的層次與領域。2022 年底，蘇世斌有機會進入臺南市政府衛生局從事公共衛生領域服務，更得以將多年累積的各項工作訓練及實務經驗，發揮於公共衛生公職業務上。

上／2008 年，成大家醫科楊宜青教授（左二）拜訪臺南科學工業園區聯合診所主任醫師蘇世斌（左三），彼此交換意見與交流經驗。
下／2005 年，亞洲職業病研討會於紐西蘭舉行。蘇世斌醫師（右）有機會參與並認識不同領域的國際學者，開拓視野。

人生能有機會回饋及服務栽培自己的故鄉是一項福分，蘇世斌非常珍惜，也非常感激在成大醫學院近 8 年的學習訓練。他鼓勵目前就讀的同學不要畏懼挑戰，要多開拓不同領域及擴大視野。

莊詠鈞

以有限資源開展無限夢想

　　因對生物課程充滿興趣，莊詠鈞進入成大醫學院攻讀碩博士學位。然而，就讀期間，他的學習起初並非一帆風順，幸有指導老師葉才明教授大力支持，透過分享人生經驗並鼓勵他放慢腳步，讓他領悟倒吃甘蔗的甜美。

　　在實驗室資源並不豐富下，莊詠鈞展開新的研究方向。此過程訓練他細讀原理、謹慎使用資源，在團結的醫學院感染症研究群體，他獲得許多額外的資源，在兩年碩士學程中扎下了對抗體研究的基礎。

　　博士學程的挑戰更為嚴峻。他首次投稿遭到嚴厲批評，甚至重新審視自己的研究結果。但碩士班訓練已讓他凡事正向思考，於是迅速撫平躁動的情緒，汲取審稿人的建議，完成修改、重新投稿並獲得刊登。在博士學程結束時，莊詠鈞已發表 6、7 篇 SCI 論文。能達此里程碑，他歸功於葉老師孜孜不倦的教誨與大膽的嘗試。

　　他也特別感謝成大師長們，包括已故的黎煥耀教授、林以行教授和劉校生教授。他們無私地提供寶貴的建議、研究需要的資源，使他在科學這條道路上能走得更高、更遠。

運用所學創立生技公司

　　取得博士學位後，莊詠鈞和同學鄭又瑋運用在成大醫學院所學的知識和技能，攜手創立偉喬生醫，展開夢想。

　　他們的創業故事，又是一個崎嶇的開始，但在過去累積的訓練及正向的態度，讓團隊不僅逐步打好基礎，公司在疫情期間也成為國內最大的檢測試劑原料供應廠。他們開發的腎毒素檢測試劑亦展現出卓越的實力，屢獲國家各種獎項的認可。

　　除了業界成就，莊詠鈞持續在學術上貢獻所學，在成大醫技系擔任兼任副教授，也在全臺各大學開設課程，將業界最新資訊分享給學生。他希望透過自己成長的歷程，鼓舞學弟妹努力朝向目標邁進。

　　莊詠鈞近年獲得中山醫傑出系友、傑出校友，以及成大醫學院傑出校友等榮譽。對他而言，這些獎項不僅肯定了他的努力，更是他對成大醫學院感激之情的展現。成大醫學院為他人生開啟了另一扇門，未來他也將竭盡自己所能來回饋母校。

上／2012 年 9 月莊詠鈞（中）與指導教授及口試委員們合影。
下／2022 年 11 月偉喬生醫獲得國家磐石獎，由蔡英文總統親頒獎項予莊詠鈞。

連文慧

不設限才會有無限的可能

大四那年，連文慧甄試進入成大醫學院分子醫學研究所碩士班，當時正值分醫所創辦第三年。她選擇進入剛從美國回臺服務的吳梨華老師實驗室，並投入腫瘤血管新生的研究。取得碩士學位後，連文慧原本安於當研究助理。但在吳梨華老師鼓勵下，連文慧順利申請到美國華盛頓大學分子細胞生物學博士班，自此走上海外科學研究之路。

與實驗室同學同甘共苦

當年與連文慧一同進入吳老師實驗室的同班同學，包含蔡婉琪（現今高雄醫學大學醫技系副教授、2022 年成大優秀青年校友），以及陳雅惠（現今中國醫藥大學生醫所副教授）。三個對研究充滿熱忱的女孩，在吳老師的實驗室裡留下難以忘懷的笑與淚，總是一起討論研究方向，傾吐面對的種種挫折，以及分享各種生活點滴。

當年同在分醫所就讀的陳怡如及吳佳燕學姊（現今兩位都任職於美國 The Jackson Laboratory），也成為連文慧赴美讀書後經常連絡並互相支持

的朋友。即使至今已過了 20 多個年頭，每當有機會相聚時，那些在成大共處的時光都彷若依稀在眼前，不曾遠去。

讓世界看見你的努力與成果

進入華盛頓大學分子細胞生物學博士班研讀的連文慧，在教授 Valeri Vasioukhin 指導下投入專題研究，並在她博士班二年級時即以共同第一作者身分在國際知名期刊《科學》（Science）上發表研究成果。這篇文章發表對連文慧而言，無疑是人生的轉捩點，也是她在科學研究領域上的一個小成就。

就讀博士班期間，連文慧也陸續發表研究成果於知名的國際期刊。這些重大發現讓她於 2009 年榮獲國際著名的美國博士生研究特別獎（Harold Weintraub Graduate Student Award）。

同年，連文慧進入洛克斐勒大學擔任博士後研究員，在指導教授 Elaine Fuchs 的實驗室裡進行皮膚幹細胞再生與癌症研究。她的博後研究

2000 年 7 月，吳梨華老師（前左四）與實驗室學生合影，當年一起做實驗的連文慧（前左三）、蔡婉琪（後右一）、陳雅惠（前左一），如今都已嶄露頭角，在各自領域上發光發熱。

Dr. Olga Klezovitch (left) and graduate student Wen-Hui Lien, colleagues in the Human Biology Division, found the mutation of a gene called αE-catenin in the central nervous system causes a massive increase in cells due to abnormal activation of the hedgehog developmental pathway.

Failures of cellular crowd control

Human Biology researchers find clues to solid tumors in mice with impaired genes and oversized brains

By COLLEEN STEELQUIST

Imagine a hectic public-transit commute. You are a passenger stepping onto a bus already crowded with people. As you find a seat, you see that new passengers keep coming, further decreasing the available room. Your skin nerves sense this invasion of personal space, making you and the other passengers uncomfortable. With not an inch to spare, you and your fellow riders collectively decide not to allow even one more person in the crammed vehicle.

During development, cells—like the passengers—monitor and adjust their rates of accumu-

called αE-catenin in the central nervous system causes a massive increase in the number of cells due to abnormal activation of an important developmental pathway called hedgehog.

The researchers believe the αE-catenin gene connects the adherens junctions—formed when cells come into contact with one another—with the developmental hedgehog pathway, and this connection supplies feedback for controlling the size of a developing organ. They propose a "crowd-control" mechanism where cells use the adherens junctions to connect increases in local-cell density with regulation of the hedgehog pathway to ensure that enough, but not too many, cells are being produced. The findings, which have implications for tumor development, were published in the March 17 issue of *Science* and were subsequently highlighted in *Cell* and *The Journal of Cell Biology*.

Cell proliferation

The researchers, along with lab member Tania Fernandez and Dr. Jeff Delrow, director of

"During development, there are rigid mechanisms responsible for counting cell numbers and for determining how big the final organ is going to be. These mechanisms are very difficult to change. We saw αE-catenin played a very important role in the regulation of cell accumulation in the developing brain."

DR. VALERI
VASIOUKHIN
HUMAN BIOLOGY DIVISION

2006 年 5 月，癌症研究中心（Fred Hutchinson Cancer Research Center）報導連文慧（右）研究團隊於國際知名期刊《科學》（Science）上發表研究成果。

因重大研究發現與成果，讓連文慧（右一）於 2009 年榮獲國際著名的美國博士生研究特別獎（Harold Weintraub Graduate Student Award）。

計畫受到美國著名基金會的支持及經費補助。在博後四年多期間，連文慧陸續發表研究成果於國際知名期刊上，如 Cell Stem Cell、Nature、Nature Cell Biology。

能在人才濟濟的研究室裡磨練並學習，是連文慧至今研究生涯裡最寶貴的經驗。她在這個將近 40 人的實驗室裡，學會如何自律且獨立完成研究，成為日後營運個人研究室的基礎。

因緣際會下，連文慧於 2013 年末從美國紐約到歐洲比利時的法語區魯汶大學（Université catholique de Louvain）的 de Duve Institute 研究中心，建立個人的研究室，並於 2016 年順利取得比利時法語區國家科學基金會（Fonds de la Recherche Scientifique）的「永久研究員」職位，成為目前為止唯一獲聘的臺灣學者。連文慧的實驗室主要是進行皮膚幹細胞與癌症的研究，其研究成果發表在知名國際期刊 Nature Communications，也受邀至歐洲及臺灣的各大學演講，並透過演講與討論來促進學術研究的發展。

女性科學家走出自己的路

　　人對於未知都是擔心害怕的，但也唯有以放手一搏的心態來面對，才能真切的感受到其中的酸與甜。連文慧因其特殊的際遇，於 2020 年獲臺灣科技部（今國科會）評選為優秀海外華人，並將其人生故事與其他優秀人士的故事集結成冊，發表於天下文化出版的《勇闖天涯　翻轉人生》，用以鼓勵年輕學子走出舒適圈，踏出自己的第一步，以實現夢想與自我。

　　2021 年，連文慧由比利時國家科學基金會推薦給領導女性科學家的網路平台 AcademiaNet，而成為其中優秀女性科學家的一員。

　　回顧過去二十幾年的研究生涯，連文慧特別感謝吳梨華老師、湯銘哲老師的鼓勵與支持。雖然她在成大就讀的時間只有短短的兩年，但是期間所學所見卻是她在科學研究旅程裡重要的啟發。成大就像是她的娘家，每每受邀回母校演講，都備感溫暖與感動。能成為成大醫學院的畢業校友，她深感榮幸。

2022 年 8 月，比利時法語魯汶大學醫學院迪杜夫研究中心（de Duve Institute）公布連文慧（右三）研究團隊於 Nature Communications 期刊發表的研究成果與團隊合照。

第四篇
成杏點滴：學生社團

在醫學院沉重的課業壓力下，學子們在藝術人文和醫療服務的社團中，依然展現出卓越的才華和成果。他們不僅為成杏校園增添了色彩，更是成醫人的驕傲。

為愛前行
讓醫療不再有距離
——醫療服務隊

上／1991年7月27日，黃崑巖院長與醫療服務隊隊員於臺南縣大內鄉（現臺南市大內區）用餐。黃院長左側為醫學系三年級學生沈延盛（成大醫學院現任院長），對面為曹朝榮教授。

成大醫療服務隊成立，源於醫學院創院院長黃崑巖有感於偏遠地區居民對衛生教育接觸機會較少，需要更多健康觀念與自我照護知識的傳達。因此，在他鼓勵與授權下，內科教授曹朝榮教授藉由陶聲洋防癌基金會宣導防癌列車的活動，於1989年開始籌組醫療服務隊。

為慎選隊員，1990年2月19日，在為期一週的杏林生活營中，挑選來自醫學系第五和第六屆、醫技系第一屆、護理系第一屆及生物系共37位隊員。由當時仍為醫學系二年級的陳本全醫師擔任領隊、同為二年級的現任醫學院院長沈延盛擔任總幹事，並由

曹朝榮教授擔任領隊老師。1990 年 7 月 15 日至 21 日，第一次正式出隊，地點為七股、北門、將軍及佳里四鄉鎮。

　　為配合防癌宣導，起初是社區衛教、義診及社區學校的團康活動。第一年選擇臺南沿海四鄉鎮（佳里、七股、北門及將軍），此後每年固定在暑假由醫院醫師領隊，帶領有意願服務的學生前往偏遠地區為當地居民服務。

義診服務足跡擴大

　　轉眼 30 幾年，成大從未間斷對大臺南社區的服務與奉獻，足跡遍及大臺南地區，從農家樂的玉井、大內、楠西，到鹽田子女的故鄉七股。1997 年，第一次遠赴高雄縣內門鄉（現高雄市內門區）服務，此後也陸續將服務足跡擴展至六龜、杉林、田寮等地。

　　每年暑假，學生們在陶聲洋防癌基金會及各方善心人士支持下，與醫院醫師們合作，將防癌列車開進臺南、高雄地區偏遠鄉鎮，將健康知識搭配學生們的活力注入這片土地，不只學員從中學習服務的真諦，充滿熱誠的學子提供服務的誠心也深獲地方人士好評。代代薪火傳承下，獲得報章雜誌報導，對醫療服務隊師生用心的付出可謂一大鼓勵。

　　此外，自 1992 年起，開始對全校招生社員，不同領域的學子得以一起投入醫療服務中，結合扎實的訓練及不同專業的學生互相激盪出火花下，讓醫療服務隊淬鍊為成大校內各系所有志學生參與、奉獻社會與醫學人文學習的園地。

　　醫療服務隊的活動多元化，除了每學期不定期的一日出隊活動外，每年暑假（7 月初）的常駐社區應屬最深入的活動之一。首先會選定臺南附近的鄉鎮常駐一週，在這星期，隊員會挨家挨戶進行實地家訪，在聊天中宣傳衛教（主要針對慢性疾病及癌症等）。同時，也會在當地舉辦晚會活動，與居民同樂。另外，在當地選定一間國中或國小舉行衛生教育生活營。

　　還有義診活動，成大醫院醫師協同學員在當地社區活動中心或學校等舉辦義診。所需藥物皆是學生自主募捐及各界善心人士捐獻，讓就診居民能獲得最即時的健康支援。

因深知醫療需求並不侷限於一般民眾，1996 年服務隊也到明德外役監獄衛教探訪及晚會表演，在「關懷鄉土、自我成長」宗旨下，將這股熱忱擴大到社會每一角落。

長期扎根累積成果

以往，出隊地點由該任社長實地訪查，並與當地衛生所討論後而選定。每年出隊地點均不同，僅有幾次連續 2 年在同一地方出隊。2010 年，當時的社長考量每年更動地點，無法有效深化服務品質，於是提出 3 年常駐計畫，期望每年出隊可提供更深入服務。

隨後 4 年（2010 至 2013 年）裡，選擇當時有成大醫院家庭醫學科駐紮的高雄縣田寮鄉（現高雄市田寮區）服務。當時田寮鄉人口外流多、高齡化嚴重（約 23％）、醫療資源極度缺乏，卻只有一位醫師，即成大家庭醫學部訓練後擔任衛生所所長的陳全裕醫師。

醫療服務隊希望能長期駐紮在田寮，與當地居民建立關係，並從中給予關懷和協助，導入正確的健康觀念。經過 4 年後，醫療服務隊在田寮的

1990 年 7 月 15 日，第一屆醫療服務隊出隊，創院院長黃崑巖（右）授旗予創隊醫師曹朝榮老師。

努力，無論是獨居老人關懷、醫藥知識教育，或國小學童衛生教育，均有成果且備受田寮當地長官和耆老們的肯定。這也代表醫療服務隊在田寮區的計畫達到一定的成果，有始有終。

鑑於在田寮實施長年計畫後的成果，明顯比以往一年更換一個地點，對服務地點有更顯著的幫助。同時，期望能延續醫療服務隊的熱情，將醫療服務的精神及資源，拓展並運用在其他有需要的地區。因此，在 2014 年選擇了七股，希望能在七股實踐另一個長期服務的計畫。

七股區區域遼闊（面積幾乎等於舊臺南市區），全鄉人口外流多、高齡化也很嚴重（約 20％）、醫療資源極度缺乏，只有兩位醫師，即衛生所所長，以及衛生所附近的一家小診所醫師（前衛生所長），加上地廣人稀，村落與村落間距離遙遠，造成老人就醫不便。醫療服務隊希望能常駐七股，透過舉辦活動，和當地民眾建立良好關係，提供關懷與協助，並傳播正確的健康觀念。

2023 年是醫療服務隊進駐七股的第 9 年，已和當地居民建立深厚情誼。近幾年，因外部其他單位更多資源挹注，七股地區整體醫療已達飽和

1990 年 7 月 15 日至 21 日，成大醫療服務隊第一次出隊地點為臺南縣七股鄉（現臺南市七股區）。當時由醫學系二年級學生陳本全（最前排坐左一持紅帽者）擔任領隊，目前在臺南市安南區開立診所執業。成大醫學院現任院長沈延盛（最後一排中間最高者）及其夫人蔡慧頻臨床助理教授（第二排右一半蹲者）。

狀態。曾經霸道橫行的江湖方士、困乏的衛教知識也在這幾年耕耘下有所提升，該是時候將醫療服務的火炬傳向下一站。

醫療服務精神代代相傳

今年適逢院慶 40 週年，醫療服務隊未來會規劃前往成大醫院定期偏鄉支援的將軍區和南化區西埔里發展，期待與當地居民建立更緊密聯繫，讓義診不只有義診，而是更全面投入公共衛生建構與改造，進而對當地民眾的健康帶來更深遠的影響。

醫療服務隊主要是由成大各系所學生組成的學生社團。參與此社團的學生們，無非是希望在學校課業和活動之餘，仍可為社會服務盡一份心力，創造美好臺灣。因此，完善良好且能長久持續的服務計畫，才不會辜負同儕加入此社團的熱情，也希望所安排的服務計畫可以確實為當地社區及民眾有所貢獻！

上／成大醫療服務隊在當地舉辦晚會活動，與居民同樂。
下／1993 年 7 月 28 日《中華日報》報導成大醫療隊深入偏鄉地區，提供義診服務。

回首這些年的努力，在歷任老師帶領下，社員心中對社區醫療的那顆熱情種子已然發揚茁壯。許多成員不僅在各領域都已嶄露頭角（陳本全院長目前在安南區開立診所執業），甚至從社內找到志同道合的幸福姻緣（醫學院院長沈延盛及其夫人蔡慧頻臨床助理教授於社內結識，並修成正果的最佳模範）。

醫療服務隊宗旨與傳承理念，正如同成杏廳前陳列的柯錫杰大師〈等待維納斯〉巨幅相片的涵義，只為等待解救眾生的良醫不斷出現一刻。放眼未來，捫心自問，「不忘初心，方得始終」，醫療服務隊不僅會持續自勉，還會代代一直傳承下去。

上／2022 年 11 月 13 日，成大醫療服務隊指導老師吳至行醫師（最後一排高舉 3 和 4 數字者）、第 34 屆隊長譚丞傑（第二排右三）、全體社員及幹部出隊，準備前往文華精神護理之家。

中／2023 年 4 月 8 日，成大醫療服務隊指導老師吳至行醫師（穿白袍者）、第 34 屆隊長譚丞傑（右持隊旗者）及隊員，於成杏廳《等待維納斯》前出隊授旗。

下／透過常駐計畫與活動，醫療服務隊和當地居民建立緊密關係，並從中給予關懷和協助。

音符與脈搏共鳴
—— 成杏合唱團的
絕唱傳奇

上／1992年3月9日，第一屆成杏之夜表演後，黃崑巖院長、馬哲儒校長伉儷與成杏合唱團團員合影。第一排左二起，馬哲儒校長和夫人楊友偉教授、黃崑巖院長、李茂雄教授。

在成大醫學院創院院長黃崑巖催生之下，成杏合唱團創團於 1991 年 1 月 15 日，並請蔡育芬老師與丁海宴老師擔任音樂指導。

黃院長的座右銘是「知識份子應該先做文化人，再做專業人。」催生合唱團便是他實踐座右銘的行動之一。在創團維艱之際，黃院長成功向美商必帝公司總部募得 25,000 美元作為創團基金，並以醫學院第三講堂為固定練唱基地，成杏廳為年度公演場所。成杏合唱團自此立下穩健的根基。

創始之初，成杏合唱團成員以醫學院、醫院教職員工為主，並附設成

1992 年 3 月 9 日，成杏合唱團舉辦第一次公演海報。

杏兒童合唱團。自第三年起,逐漸轉變為以學生為主的社團。這些年來歷經多位老師的指導,包括丁晏海、蔡育芬、丁巧芳、羅國旺、洪茂雄、許淑貞、林培琦、陳慧真、吳晨潔、戴源甫、郭韻琛、蘇屹、劉毅等,讓成杏合唱團逐步成長茁壯,已成為成大醫學院活躍的社團之一。2年前,成杏舉辦創團30週年慶祝活動,推出許多相關紀念刊物,為成杏這30年歷史提供完整的回顧與前瞻。

目前積極參與練唱的團員約50餘人,固定練唱地點為醫學院第三講堂。團員除了醫學院學生外,也有來自成大各系所學生,在練唱中彼此交流,結交不同領域的朋友。此外,也有許多已畢業的成杏團員自組小團,利用各自的空閒時間約練、聯繫感情,並參與成杏各場音樂會演出。

成杏合唱團共有5大年度重要活動:耶誕之夜暨新生音樂劇演出、寒假兒童音樂營、全國醫學院校合唱觀摩會、成杏之夜,以及年度大音樂劇。每一次演出都吸引許多觀眾前來聆聽,也在一次次演出中,累積穩定的聽眾族群。除了演出本身外,在這些活動籌備中,需要各式各樣能力及相互

成杏合唱團運用黃崑巖院長募得的創團基金,製作第一套團服,女生為高叉絲質旗袍,男生為深色西裝。

上／2018 年 12 月 16 日，舉辦成杏耶
誕之夜。第 28 屆成杏合唱團迎來新任指
揮蘇屹老師（持麥克風），在他帶領下，
團員嘗試多種不同的曲風及多國語言的
合唱曲，讓成杏走出新風格。
右／2023 年 2 月 20 日社團聯展，沈延
盛院長（右一）在成杏合唱團輔導老師
張育銘（右二）、社長胡凱翔（右三）
陪同下參觀合唱團展出攤位。

合作，讓所有團員都能積極參與，並發揮各自所長，在一次次準備中學習
與成長。

2023 年是成大醫學院創院第 40 週年，成杏合唱團也邁入第 33 個年
頭。這些日子以來，成杏合唱團持續接受醫學院師長們的扶持，讓團員得
以成長茁壯，也相當感念這樣的恩情。

成大醫學院就如同大海般，培育出無數的莘莘學子，而多元的社團活
動也讓醫學院充滿著學生們的歡笑與回憶。學生們希望能用歌聲，表達與
醫學院間深遠的淵源及感念之情，祝成大醫學院 40 週年生日快樂！

上／2022 年 12 月 31 日，新生音樂劇《Black Friday》，此為開場曲〈Tickle-me Wiggly Jingle〉描述一場因邪惡娃娃而引起的混亂。在此首歌中，這場混沌悄然拉開序幕。

下／2019 年 6 月 2 日，年度音樂劇《木蘭少女》，第 30 屆團長林筱芸（中）飾演女主角花木蘭。

上／ 2022 年 9 月 18 日，年度音樂劇《歌舞青春》，團員林峻豪（站立）飾演男主角 Troy，與其他團員化身為熱情的高中生，在舞臺上揮灑熱情的汗水，找回屬於 18 歲的回憶。
下／ 2023 年 6 月 4 日，成杏年度音樂劇海報。

2023 年 5 月 21 日，第 32 屆成杏之夜海報。

通往醫學奧祕的高中生奇幻之旅
——醫學營

第一屆成大醫學營在 1997 年暑假舉辦。相較於其它學校由醫學系主導的醫學營,成大醫學營是醫學院所有科系共同舉辦。初期是 5 個系(醫學、物理治療、職能治療、護理、醫學檢驗生物技術),現增為 7 個系(牙醫、藥理)。目的是要讓高中生更認識每一個科系的領域及未來發展,讓他們選擇科系時有所參考。

現為醫學院老師的腎臟科醫師林威宏回想當年情景:某晚幾個大二、大一的好友吃宵夜,學妹說:「學長,臺北的醫學院有醫學營,為什麼成大沒有自己的醫學營?」突然間,眾人

上／成大醫學院學務副院長張雅雯(左)、成大醫院骨科部主治醫師暨臨床副教授戴大為獲頒社團指導老師聘書。戴大為就讀高中時,曾參與成大醫學營活動,如今擔任醫學營指導老師,從學弟妹身上彷彿看到當年的自己。

燃起了雄心壯志，決定要在升大三的暑假，為自己創造最美好的回憶。於是，林威宏拜訪幾位醫學院各科系重要幹部，選定幾位組長，開啟第一屆成大醫學營，他自己則成為創立醫學營的第一位總召。

從營隊成員到指導老師

1998 年夏天，一位來自高雄道明中學的學生在炎熱的大晴天走進成大醫學院大廳，他是幸運中選的第二屆成大醫學營小隊員。那年，他從高二升高三，難得可以在繁忙的功課壓力中放 5 天假，在成大醫學院中接觸與平常課業完全不一樣的事物，也認識了各不同科系的專業及角色定位。5 天營隊在滿滿的感動中結束，他認識了許多學長姐及朋友。沒想到隔年大學聯考，竟然幸運考上夢寐以求的成大醫學系。

成大的社團琳瑯滿目，每一個社團都希望有新血加入，他當然毫不猶豫就加入成大醫學營的行列。從小隊員變成小隊輔，除了玩樂與上課外，更需要學習團隊合作，一起完成活動組幹部交派的任務。

隔年他被拱為總召，永遠忘不了整個營隊辦下來的辛苦。除了數次籌備會議及行前訓練活動外，在營前訓及營隊期間，幾乎每天都很難睡超過 3 個小時。他記得，其中有幾晚，開完檢討會及幹部會

上／第 16 屆醫學營始業式，成大醫學院林其和院長（左）致詞，歡迎參加成大醫學營的高中生，第 16 屆醫學營總召史易正致贈感謝狀。
下／第 28 屆醫學營始業式，成大醫學院沈延盛院長（左）致詞，介紹所有醫學營幹部及隊輔，第 28 屆醫學營總召蔡紹崗致贈感謝狀。

上／1998 年第二屆成大醫學營舉辦烤肉活動,當時的小隊員戴大為(穿紅衣者)來自高雄道明中學,隔年如願考上成大醫學系。
下／2016 年醫學營舉辦精彩又豐富的團康活動及晚會表演,啟發高中學員對成大醫學院的喜愛,也讓他們體驗多采多姿的大學生活。

成大醫學營歷屆總召名單

屆	總召	屆	總召	屆	總召	屆	總召
第 1 屆	林威宏	第 8 屆	賴正偉	第 15 屆	卓宛樺	第 22 屆	許宏德
第 2 屆	張耀元	第 9 屆	黃柏翔	第 16 屆	史易正	第 23 屆	羅建雄
第 3 屆	張簡誌方	第 10 屆	張維元	第 17 屆	李俊毅	第 24 屆	林承毅
第 4 屆	杜佳軒	第 11 屆	劉展榮	第 18 屆	蔡佾廷	第 25 屆	林崴漢
第 5 屆	戴大為	第 12 屆	林書樊	第 19 屆	周主博	第 26 屆	高炘垣
第 6 屆	蔡忠紘	第 13 屆	丁俊瑋	第 20 屆	王業靳	第 27 屆	趙志瑋
第 7 屆	潘師典	第 14 屆	吳振源	第 12 屆	許祐嘉	第 28 屆	蔡紹崗

議後，已是凌晨時分，隨後就直接躺在當時是營本部的第二講堂最前面的地上睡到天亮。隔一年，他又繼續擔任值星官，並以過來人的身分擔任顧問。每年都有一群熱血的人和他一樣全心投入籌備成大醫學營。在眾人努力下，成大醫學營已邁入第 28 屆。

對當時的他來說，這段籌辦營隊的經驗只有「很累但是很好玩」，沒想到後來出社會後，這些經驗帶來許多幫助。在工作上與不同職類的同事互相合作、溝通及處理事情的方式，都是在籌辦營隊時所磨練的技能。當時他在醫學營認識的好友，還有好幾位至今仍保持聯繫，甚至還有工作上的合作。

工作數年後，沒想到他還有機會能「回鍋」成大醫學營。看著現在的幹部、小隊輔及小隊員，彷彿看到以前的自己。他就是現任成大醫學營指導老師——成大醫院骨科部主治醫師暨臨床副教授戴大為。

受疫情影響，成大醫學營停辦了 3 年。這 3 年來，幹部們每年都是滿懷希望開始籌備，最後卻不得不喊停，這種痛苦的決定總是讓人很揪心。所幸今年疫情漸漸過去，成大醫學營終於可以順利重新開辦，重返往日的光榮！

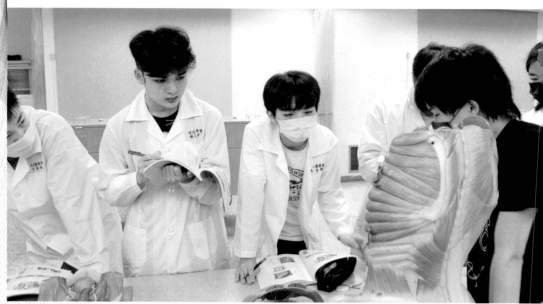

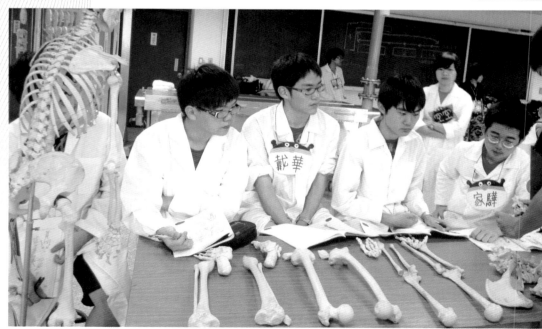

上／藉由模型，讓小隊員了解身體重要器官的分布及功能，並對全身肌肉有初步認識。
下／大體課程中，透過標本，讓小隊員認識全身骨骼和分布，傳遞給小隊員對大體老師應有的感
恩與尊重。

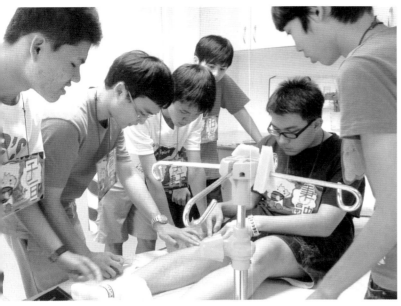

物理治療課程中，教導小隊員了解運動員身上所貼的 Kinesio taping（肌內效貼布）原理，並學習如何使用貼布。

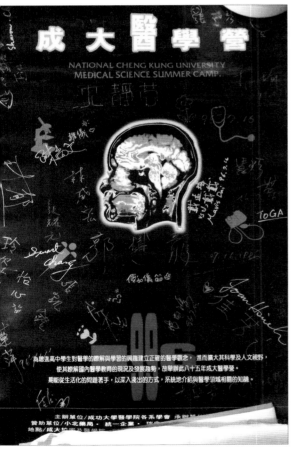

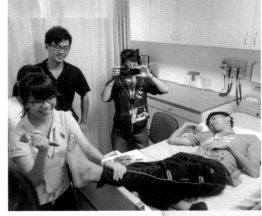

臨床技能課程中，安排理學檢查實作演練，讓小隊員體驗當醫生的感覺。

1997 年第一屆成大醫學營海報。

第五篇
蔚然成風：展望未來

從基礎醫學研究到臨床實踐，成大醫學院取得令人矚目的成就，未來將承擔更多挑戰與責任，持續推進教學與研究的多元化及國際化，為臺灣乃至全球醫學發展貢獻心力，發揮影響力。

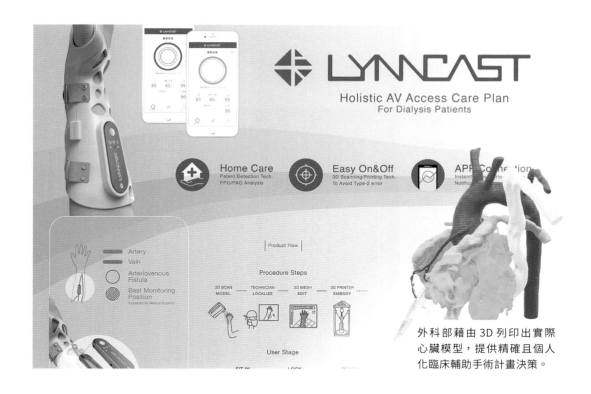

外科部藉由 3D 列印出實際
心臟模型，提供精確且個人
化臨床輔助手術計畫決策。

結合人工智慧於
醫學院教學轉型

上／ 3D 列印技術應用於精準醫療上，
可增加醫師鑑別診斷的精確性，提供病
人更好的診療流程。

醫學是一門高度專業的學科，對
學生的學習能力、動手能力和思考能
力皆須面面俱到，有所要求。在過去，
醫學教育主要是依靠傳統的課堂講
學，教授醫學基本知識，再輔以學生
實習的實作方式親實操作，讓學生學
得各種技能。

隨著科技不斷進步和全球資訊網
普及，醫學教育正經歷著轉型，透過
網路線上學習或是科技產品應用，來
增進學習效能，是醫學院學生非常重
要的學習管道。但網路訊息五花八門，
什麼是正確的知識與技能操作方式是
需要非常正視的課題。所以醫學院與

醫院會共同提供正確的知識與技能，讓醫學生得以有正確的學習管道。

成立人工智慧虛擬實境教室

近年來，虛擬實境（VR）、擴增實境（AR）和延展實境（XR）等虛擬實境技術，在醫學教育中的應用愈來愈受到關注。透過虛擬實境技術，學生可以進行更加真實的醫學訓練，例如學習肌肉、骨骼等解剖結構，或是了解手術過程的模擬等。

這種沉浸式體驗教學能夠加強學生的學習效果，讓學生更直接地學習醫療技能和知識，並加強其演練的經驗，讓學生在學習過程中更深入地理解和應用所學的醫學知識。

因此，成大醫學院於 2020 年成立了南臺灣第一個人工智慧虛擬實境教室，利用高科技創造擬真教學，希望提升醫學的教學與其學習成效。由於人體解剖學是醫學院各科系學生都需學習的課程，故優先導入虛擬實境教學，並鼓勵師生製作虛擬實境教案，規劃與成大理工等領域合作，研發更逼真的互動式虛擬實境教材。

目前，人工智慧虛擬實境教室設有多個虛擬實境裝置和智慧型投影設備，讓學生可以透過這些設備進行互動式學習與貼近更加真實的醫學訓練和演練，並可依據學生的學習情況和需求，自動調整教材內容和難度，以達到最佳學習效果。

各學科應用人工智慧現況

在實務應用上，於 2023 年 2 月 4 日，成大醫學院以科技、創新、全人、跨領域醫學教育為主題，舉辦「國際醫學教育研討會」。此次研討會邀請國際知名學者 Dr. Daniel Salcedo 和 Professor Lars Konge 演講，分別探討科技在醫學教育中的應用和發展，以及使用創新方法培養和確保技術技能的重要性，讓大家更深入了解醫學教育的未來走向。此外，還邀請了各學科的專家分享運用人工智慧於醫學教育的現況和創新應用。

目前，成大醫學院臨床醫學研究所運用 AI 學習網頁，訓練住院醫師

學習心電圖，增加鑑別診斷的精確性；影像醫學科利用人工智能在醫學影像判斷研發成果，顯示有顯著的加值成效。

婦產學科運用創新圖像學習工具，透過規則式自動生成擬真演算法，更是醫學教育應用於胎心音教學的一大福音；外科部運用三維建模進行先天性心臟病分類，並比較與二維醫學影像之空間理解差異，提高學生對學習外科的興趣。另藉由三維列印出實際心臟或脊椎模型，可提供醫學生或住院醫師的手術模擬運用，訂定精確且個性化臨床輔助手術計畫決策。

有效提升醫學生學習能力

以科技融入醫學教育，無論對醫學生教學上或臨床病人照護實務上，具有指標性的意義。此外，外科部已規劃在醫學生的外科教學訓練中，導入科技化 360 度全景虛擬實境教育模式。

透過 360 度全景技術與特定手術實際放大視窗，讓醫學生可以對手術環境有較全面的了解，也可從不同視角觀察執刀醫師操作過程與內容重點，及周圍護理師和麻醉醫師的醫療行動，因而可有不同的手術面向的觀察。

成大醫學院希望藉由這樣的學習體驗，可以幫助醫學生或住院醫師更深入地了解整體手術過程，或提高他們的手術觀察技能和執行技巧，期望其能銜接並勝任將來實際臨床醫療的工作。

科技是醫學教育轉型的推手

透過各科系所發展的各種教學方法，不僅具有啟發性和創新性，更顯示了隨著科技的進展，各學科已逐步結合人工智慧採用科技和創新，進行醫學教育的應用。

在醫學教育轉型過程中，隨著數位科技的發展，結合人工智慧技術應當作為醫學教學的輔助工具。然而，醫學專業人員的經驗和知識傳承仍然是無可替代的。在傳統教育方式中融入科技技術是時代的趨勢，透過高科技醫學教育的平臺，可讓學生更加有效地學習日新月異的醫學知識和技能。在未來醫學教育的發展中，科技將扮演更加重要的角色。

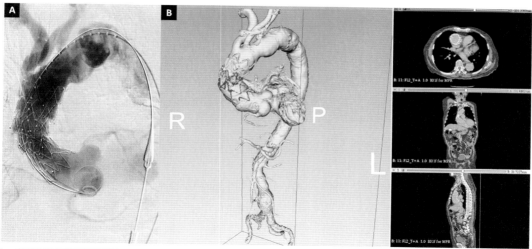

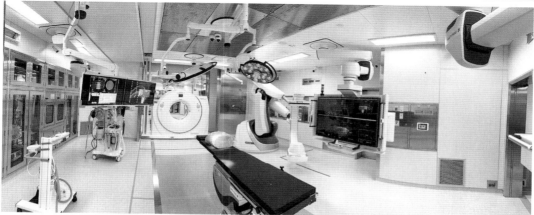

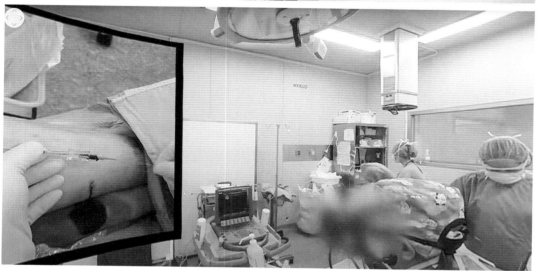

上／運用虛擬影像進行手術前模擬規劃，有助於醫病溝通，同時成為醫學教育訓練的得力工具。

中／2023 年，成大醫學院引進全臺唯一雙多軸式機械臂血管攝影結合滑軌式電腦斷層掃瞄儀的雙複合室手術房，協助外科醫師進行更加精準手術。

下／成大醫學院以 360 度全景虛擬手術導覽，輔以多視角虛擬實境，可改善實習醫學生手術房教學的學習效果。

上／成大醫院駐衛警察在防範醫療暴力過程中，扮演重要的角色。

醫療暴力防範
與醫病關係經營

在時間的光譜裡，成大醫學院的誕生如同南臺灣一顆璀璨的夜明珠，當行的路不捨晝夜；它先後匯集無數業界菁英與社會賢達，承先啟後已臻「成就四十」。

成大醫學院建址小東路成杏校區，院安維護隸屬校部駐警隊，唯附屬醫院駐警隊建基於防護可近性，讓兩個駐警隊齊心全時守護。故各項維安勤務一併納入，更強化成杏校區安全網絡。

成醫駐警隊在附屬醫院於 1988 年肇建同步編成，職司院區全時安全維護，更在 2010 年門診大樓啟用時擴編，並另增設保全組。

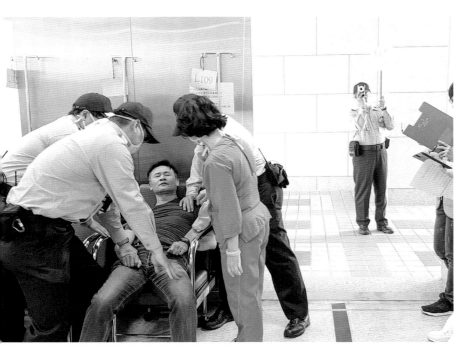

成大醫院舉行急診室暴力應變演習，過程逼真，希望第一線醫療人員藉此熟悉因應之道，民眾也能了解醫療院所對暴力事件零容忍，以充分的準備保障一線醫護人員的安全，同時也保護就診民眾安全。

　　醫院救助病患過程中，醫護人員自為主體。但相關部室的參與介入（如病理、放射），乃至後續醫糾，衍生社工、法制、品中、人事部門等加入，讓團隊間彼此的認知與凝聚更清晰且精實。

駐警隊分享醫療暴力防治經驗

　　隨著時代的推移，民眾的就醫觀念改變，醫病間也時而產生認知落差。如何從周而復始的醫療糾紛，進而衍生醫療暴力歷程中，潛心謀求良策，確實有思考必要。

　　附屬醫院駐警隊也在院長團隊與全院同仁的協助下日復一日，逐步將傳統駐衛警角色的扮演與功能慢慢重整，期能隨團隊負重前行，尤其在2018年，駐警隊開始受邀至其他醫學中心分享處理醫療暴力防治經驗，領略「共好」是挺讓人期待。

　　淺談「醫療暴力防範與醫病關係培養」教學奧祕緣起於2016年，在院區巧遇吳晉祥院長分享：非常期待讓醫學系一升二同學能「跨領域」學習「專業」以外的見聞，無非就是「習醫之道」另一種體驗，當下駐

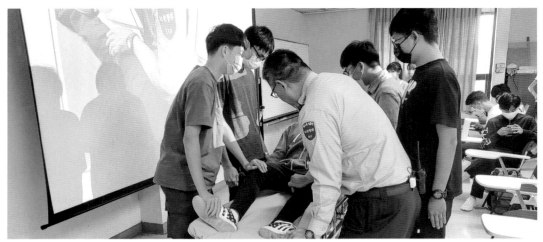

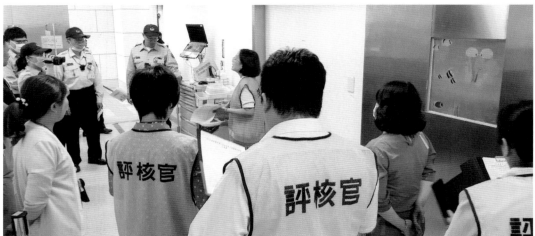

上／2022 年 12 月 2 日，駐警隊隊員吳長青在醫學系人際溝通與醫病關係醫療暴力防治課程中，示範如何防治醫療暴力，透過實際演練，加深學生印象。

中／2018 年 11 月 21 日，成大醫院急診室舉行防範醫療暴力演習。

下／2019 年 11 月 22 日，在醫學系人際溝通與醫病關係醫療暴力防治課程中，翁慧卿老師（左站者）與胡元德隊長（右站者）希望讓學生在習醫之道歷程中更了解醫療暴力的實務與現況。

警隊就接下這樣的挑戰。

之後每學期，每梯次都有 3 到 5 位同學，某次還多達 20 位一起參加。駐警隊會特別剪輯簡報，分享勤務中所累積的數據與經歷，回應同學對醫療暴力的導因與疑慮，從同學的眼中深深感受吳院長的大智慧。

在習醫之道中深化醫病溝通

繼吳院長之後，賡續將「醫療暴力防治與醫病關係」和「醫病溝通」深化在同學們學習且集大成的是翁慧卿老師。

2018 年，駐警隊接獲翁老師邀約，每年至醫學系為全班同學分享「醫病關係經營與醫療暴力防治」、「人際溝通與醫病關係」，後續更陸續由學生分組導入「共情」模式，提升學習元素與保護性約束實境練習至今。

2019 年，醫學系楊依璇、黃子騰、劉翰宇、蔡均佑、羅紹瑋、鄒隆廷等 6 位同學，更以「以抱制暴」談醫療暴力之實務與現況研究海報，在醫療暴力工作坊競賽中獲獎，印證了「圓規為什麼可以畫圓，因為腳在走，心不變」的堅持。

「醫療暴力防範與醫病關係的培養」有一定比例在於人際溝通與處理模式，期許駐警隊能透過資料的蒐整與分享，讓學生能在習醫之道歷程中更深化醫病關係的另一塊拼圖。

前人已為當行的路立下典範，在「成就四十、展望五十」的里程碑上，成醫駐警隊忝能在師長的引領下努力奉獻。

2018 年 6 月 25 日，住院大樓駐警隊辦公室向醫學系學生分享暴力防治之道，課程講師為胡元德隊長（左一）。

習史以習醫——
談醫學人文教育

上／右起：神經內科醫師林志勝、微免所教授楊倍昌、醫學系主任謝式洲、醫學系人文暨社會醫學科主任王秀雲、前成大校長蘇慧貞、醫學院院長沈延盛、前成大副校長賴明德、成大副校長陳玉女等人，於 2021 年 9 月 17 日共同主持人文暨社會醫學科揭牌典禮。

醫學院自創院以來即相當重視醫學教育的人文內涵，提供醫學生了解人文社會的基本訓練，從創院院長、臨床醫師與科學家，乃至於醫學、科技與社會（STM）研究中心，都秉持這樣的精神。

自 2019 年底起來襲的 COVID-19，讓人深切體會到需要有組織地來理解疾病與人類社會的關係，訓練未來醫師了解社會及行醫的人文社會面向。延續如此的傳統，成大醫學院於 2021 年成立人文暨社會醫學科，醫學人文正式建制化。站在 40 週年的時刻，回首來時路，除了慶祝之外，更要反思以加強或調整方向。

醫學人文教育面臨挑戰

　　醫學人文教育的目標是醫師培育，因此與理想的醫師樣貌或是對於行醫所需的能力的理解息息相關。然而，無論是國內或國外，醫學人文均面臨不少挑戰，包括課程結構、師資、及學生，環環相扣。

　　醫學人文雖然列入評鑑項目之中，但並未列入國家考試（除醫學倫理外），深刻影響學生的修課態度。同時，醫學人文的版本眾多、各方理念與期待有異。臺灣醫學院評鑑委員會（TMAC）所定義的醫學人文功能是「協助醫學生更加了解自己、人類的遭遇與痛苦、人格，及醫師與病人相互之間的關係與責任」。

　　醫學史則是「提供從歷史的角度對醫療行為的觀察；發展和培養觀察、分析、同情和自我反思的技能；幫助醫學生了解生物科學和醫學如何在文化和社會背景下進行，以及文化如何與個人的疾病經驗與醫療互動。」但也有人期待人文教育可以培養醫師的道德情操或是防止不當醫療。他山之石可以攻錯，在此僅以醫學史為例，參考國外的討論，並反思歷史。

醫學史是必備課程

　　醫學生為何需要醫學史？2014 年底，4 位在北美任教的醫學史學者 David S. Jones、Jeremy A. Green、Jacalyn Duffin、John Harley Warner（分別為哈佛大學科學史系、約翰霍普斯金大學醫學系醫學史科、加拿大皇后大學、耶魯大學科學史及醫學史學程），共同於醫學史期刊（History of Medicine and Allied Sciences）發表了論證醫學史對醫學教育的必要性的重量級文章 " Making the Case for History in Medical Education "。

　　他們主張醫學史是醫學知識、思維與實作的基本元素，因此是醫學教育中的必備課程；醫學生需要學習醫學史，正如他們需要學解剖學與病態生理學一樣。他們舉出 14 點說明學習歷史的重要性，包括疾病負擔（Burden of disease）隨時代而有所不同，無論是疾病的定義、診斷實作、社會意涵皆隨時代而異，治療以及對有效性的理解是變動的，醫療知識是經過特定的社

會、經濟、政治過程而產生的，醫療技術是廣大的社會系統的一部分，醫師的角色及其專業結構與行醫的脈絡隨時間而異等等。這 14 點大致上又可歸為 5 大主軸——疾病的歷史變遷、醫療是歷史的產物、醫療持續的不平等、醫療照護體系經常變動、特定歷史條件形塑醫療實作及研究倫理的兩難。

習史了解醫學知識演變

在 COVID-19 疫情蔓延期間，成大醫學系新設人文暨社會醫學科，以統籌各類人文、社會相關課程，正是體現成大醫學教育重視醫療人文意涵。

雖然北美菁英醫學院皆提供醫學史課程，但醫學史並未普及至每個醫學院。2008 年，美國醫學史學會針對 174 所醫學院調查，發現其中 98 所沒有歷史課程，另外有 19 所從來沒有歷史課程。雖然 51 所有醫學史課程，但是相關資料難以取得，或課程組織不健全。

不過，醫學史作為研究領域卻是蓬勃發展，優秀的學術著作持續問世，其中不少成為暢銷書，研討會也很活絡。此外，醫療專業也相當重視醫學史，例如公衛期刊中經常刊登歷史學者或歷史性的文章。

事實上，近代以來不斷有醫師及歷史學者鼓吹醫學史。18 世紀，德國醫學教育用學習歷史來了解醫學知識的演變、哪些療法有效，哪些則誤導；發明聽診器的雷奈克（Ren Laennec）也主張了解希波克拉提對於行醫相當重要。德國醫師史班格（Kurt Sprengel, 1766-1833）認為歷史可以讓人理解人類智性的發展、使人對醫學知識有較佳理解、促進公民責任（Civic responsibility）、教導學生從可能看似奇怪的想法中發現價值、使學生能在智性上謙虛與包容。總之，這些理念均視歷史為醫師必備的知識與訓練。

生物醫學強勢發展

然而，19 世紀末實驗室科學的興起，改變了上述的氛圍——醫學史逐

漸強調斷裂而非延續，著眼於當前科學知識的勝利。如此，歷史雖未完全消失，卻也失去了相關性。換句話說，生物醫學的興起，改變了醫者與其歷史的關係。

醫學史學者華納（John H.Warner）指出，約翰霍普金斯大學醫學院在創立初期，雖然仿照德國模式，積極推行以實驗室為主的科學，但他們擔心醫療過度化約、過度專門化、過度商業化以及文化的解體，因而企圖用歷史作為解藥。

華納認為，這是對生物醫學發展的回應，是一種欠缺（Deficiency）論述。人們認為醫療作為精確的科學（An exact science）會危及醫療作為一種藝術（Art）以及人的價值；生物醫學的強勢發展，危及了醫療的真諦——人性（Humanity），醫學史教育即成為將醫療人性化的方法。

成大開設醫學史課程

成大醫學院自1993年起即開授醫學史（第一屆七年制學生二年級），授課教師黃崑巖教授在課程講義序言寫道：「對一件事情做正確判斷的能力，是知識份子應有的條件之一。所以知識分子的養成應注重歷史觀的訓練。……從事醫學的人應該是高級知識份子，所以醫學歷史觀也是不可或缺的。」

黃院長的期許又是另一個版本。習史以學醫、人性化、與解剖並列的基本知識、或是具判斷力的知識份子，分別代表了幾種不同的時空下醫學與社會的關係，生物醫學興起之前與之後、在醫學高度專精化的當代北美以及1990年代的島嶼南方。但貫穿歷史的共通點是醫學人文教育的重要性。

2021年9月17日，沈延盛院長在成大醫學院人文暨社會醫學科揭牌典禮上致詞，期盼學科的成立能引導學生多元思考，日後在醫療工作中安身立命。

邁向國際舞臺的
規劃與實踐

上／2022 年 11 月 12 日，成大醫學院
與臺南護理專科學校合辦「EMI 教學技
巧工作坊」，由勝典科技創辦人蘇文華
博士（Wally Su）（第一排中）主講，會
後並與學員合影。

為響應臺灣政府 2030 年雙語國
家政策發展藍圖，提升國民英語能力
並培養國際競爭力，成大醫學院全面
推動國際醫學教育的願景，期能建立
南臺灣的生醫新生態中心，培養能使
用流利英語，且具有國際視野與良好
雙語能力的全球競爭力，提供精準健
康照顧的醫學人才，以應對當前醫療
領域的全球化挑戰。

全面推動國際醫學教育

全校大學部入學新生英語能力以
醫學系為頂尖高標，醫學院教師大都
具有國外學習或工作經驗。目前，醫
學院建立 13 個核心實驗室，並與國

際知名實驗室交流，總體成績高居國內前茅，是全國最有能力進入「精準健康照顧」提供國際醫學教育的醫學院。

其中，護理學系連續二次獲得全校榮推動「國際化」第一名，並以「國際護理人才培育：建構典範，實踐共好」榮獲 2022 第三屆《遠見》「國際共享組」首獎。即將成立公共衛生學系也是國內一個全英文教學招收外籍生為主的學系。醫學院有強烈的企圖及優勢，能達成全面推動國際醫學教育。

應對當前醫療領域的全球化挑戰，醫學院推動國際醫學教育的四大面向為：一、強化國際涵養與聲望，二、營造國際化教學環境，三、培育全球競爭型人才，四、促進跨國教學合作交流。同時配合國家雙語政策發展，結合校層級的國際化雙語人才的內涵，培育有實踐、可解決全球議題能力的國際人才。

強化國際涵養與聲望

透過網頁、社群媒體及宣傳重要獎項，強化成大醫學院在國際上的能見度。例如每年 One Day in NCKU 短片比賽，學生透過影片分享「在成大醫學院的一天」，獲獎作品不定期在學校電子公布欄播放，或是在醫學院舉辦的國際會議、招生、重要典禮前播放，藉此增加醫學院的曝光度。

以醫學院為主或協助各系所舉辦國際研討會，並與校部新聞中心合作，剪輯新聞短片，接著透過成大醫學院的 Youtube 官方頻道，宣傳院內國際醫學教育特色及亮點、跨文化學術活動，分享醫學院推動國際化的成果與經驗。

透過國際校友的連結，成立國際醫學教育相關組織，並接受國外媒體訪問分享成大醫學院國際畢業校友的成就。例如健康照顧科學研究所的國際畢業生依法瑞獲得 2021 年醫學院傑出校友，可彰顯成大醫學院在國際教育的成果。

護理學系於 2019 年成立「亞太護理教育聯盟」（Asian Pacific Alliance for Nursing Education），成為亞洲第一，關心開發中國家的護理

教育。不論是政府南向政策的開展與東南亞新移民的照護需求是為一大創舉，亦可提升臺灣醫療及成大醫學院的國際能見度與影響力。

營造國際化教學環境

2005 年起，醫學系每年招收 2 位國際學生。2012 年，護理系成立國際護理碩士專班，至 2023 年醫學院 20 個系所已有國際學生就讀。因應國際學生入學比例及國際學生交流日益增加，醫學院在硬體及軟體上營造國際化教學環境，除了各系所提供全英語教學（EMI）的課程比例逐年增加，提升職員工的英語能力；護理系也建立穆斯林祈禱室，滿足印尼學生在宗教上的靈性需求。

為了營造文化友善的氛圍，醫學院每年固定舉辦國際日，邀請國際學生分享母國的文化特色，例如歡慶越南新年、分享印尼齋戒日及飲食文化特色等，並邀請各系所國際學生、國際交流老師及學生同歡。

醫學院也積極培育老師及助教，提升 EMI 教學能力，鼓勵各系所與國外知名大學合作，共同指導研究生，或是共同開設教授專業科目，並建立雙聯學位學程。2023 年，醫學院申請教育部 EMI 重點學院。醫學院教務分處與國際分處合作成立 EMI 課程規劃小組，邀請公衛所第一位 EMI 專任教師與醫學院受過 EMI 培訓老師，共同開設專業領域教學。

培育全球競爭型人才

暑期海外見習是醫學院長久以來的特色。醫學系及各系所每年可見習的醫院有：布朗大學、匹茲堡大學、Cleveland Clinic、瑞士伯恩大學、宮崎大學、筑波大學、St. Marianna、新加坡大學、馬來亞大學、香港大學、香港中文大學、瑪希敦大學、朱拉隆功大學等。

醫學院院長積極向外募款，提供各式多元獎學金，鼓勵學生結合課程，進行專業精進研習，與跨系所學生合作，參與國際競賽。藉由成功經驗分享，激勵研究生申請國科會千里馬計畫，擴展國際視野，提升國際合作的機會。透過老師的國際合作交流，申請知名實驗室進行交換學習機會，

並與國際大師合作研究，落實醫學院 MOU 合作簽約學校的實質合作，就學時積極建立國際連結及學術人脈，培育具有全球競爭力的醫學人才。

促進跨國教學合作交流

　　醫學院主管率團回訪 MOU 合作學校及重點合作單位，主要目的為深化雙方合作關係，亦可為未來合作的領域進行規劃。2023 年，醫技系、職治系、護理系、分生所、學校推廣教育中心等系所主管及醫院感染科組團至日本筑波大學、北里大學、杏林大學及東京大學進行訪問。除了分享現有合作的成果，並進一步媒合雙方老師及討論未來合作方向，同時也與目前正在日本進修的學生及校友相聚。透過校友與老師的連結，也看見成大醫學院在國際開枝散葉的豐碩成果。

　　成大醫學院 13 個核心實驗室與國際知名學者及實驗室交流頻繁，培育醫學院學生及成大醫院精準健康照護的醫學人才。COVID-19 疫情期間，跨國交流從實體改成線上，從未中斷。醫學院各系所在疫情期間持續進行跨國教學及研究合作，各系所邀請重量級學者進行線上演講。

　　2022 年，分醫所與泰國合辦第二屆 Asia Pacific Workshop and Conference on Molecular Medicine（APCMM）國際研討會，並在 2023 年移地至成大醫學院舉辦工作坊。後疫情時代，恢復實體交流，透過虛擬與實體混合式教學，打破空間與距離的線上 Webinar 教學合作交流已成新常態。

　　成大醫學院將全面推動國際醫學教育，持續進行跨國教學合作交流，提升醫學院的國際聲望，培養出能在國際醫療領域中表現出色且具全球競爭力的醫學人才。

醫學院每年固定舉辦國際日，如歡慶越南新年、耶誕派對，以及分享印尼齋戒日與飲食文化特色等，並邀請各系所國際學生、國際交流老師及學生同歡。

用研究探索醫學的未來

上／2022年7月25日，成大醫學院與嘉義基督教醫院攜手成立嘉成高齡醫學研究中心，成大醫學院院長沈延盛（右三）、成大醫學系系主任謝式洲（右二）、嘉基院長姚維仁（左三）、嘉基醫院副院長王新台（左一）等人都出席，期望結合兩院人力與資源，成為串連南部高齡醫學的平臺。

成大醫學院是唯二隸屬於國立大學的醫學院，有豐富多樣的學習環境和充沛的跨領域合作資源，更是全國唯一注重人文修養與科學應用的醫學院。有效的將基礎研究、臨床醫學以及健康照護結合，不但重視理論及實作融會貫通，更加致力於生醫人才培訓及創新研發，是南部生醫生態系的樞紐。

成大醫學院在創院之初就強調基礎與臨床的結合，不但在實驗場域上讓基礎臨床毗鄰而居，在選題方面，也是從臨床未被滿足的醫療需求方面著手，導入基礎創新的概念和技術，組成跨領域的研發團隊。40年來，不

論是在癌症研究、傳染病學、神經科學、基因體醫學以及醫療器材方面，都有相當亮眼的表現。

因應高齡化需求未雨綢繆

有鑑於近年來國際生命科學及醫學研究進步神速，成大醫學院致力於針對自身的特色研究與醫學發展進行下一世代的整體規畫。除持續探討醫學未解之謎，更面對未來高齡社會的趨勢和需求，未雨綢繆，預先擬定解決方案，並逐步更新軟硬體設備。

在硬體方面，為給院內的教師及醫師有良好的研究環境，醫學院舊大樓的翻新以及生醫卓群大樓建設已逐步完成。藉由空間之整合，也規劃出許多與國際接軌的研究中心，以增進成大醫學院的研究量能。

研究方面，高齡醫學為未來健康照護主流，籌建中的老人醫院以及規劃中的智慧醫院將作為先進醫療的研發基地，結合南部地區醫學研究網絡、醫學工程、AI 智能發展與社會科學研究，開啟創新照護的模式，架構出臺灣第一的智能高齡醫療研究、預防、診斷、照護、及樂活的一站式全人醫療網。

精準醫學是未來研究主流

精準醫學是目前研究及未來治療的主流。為了達到這個目標，AI 智慧醫療就變成是每一個醫療從業人員必備的基本技能。成大醫學院在 AI

2020 年 12 月 2 日至 5 日，臺灣醫療科技展於南港展覽館一館盛大舉辦。賴清德副總統（左五）蒞臨成大醫學院攤位，期勉母校師生運用 VR、AR 最新科技技術，推動智慧醫療與精準醫療，提升對病人的照顧，促進臺灣相關產業的發展。

智能萌芽時期，就開始著手建立相關 AI 虛擬實境（AR、VR、MR）的硬體設備，並且培育大數據及人工智慧深度學習技術的專業人才。從臨床棘手問題的角度切入，輔以 AI 研究教案與技術，提高研究準確性與臨床醫療品質，進而達到 AI 研究與醫療合一之目標。

此外，影像醫學及再生醫學也是精準醫學的必要元素。成大醫學院除了在附設醫院內將相關的病理資料影像化及數位化之外，更引進智慧深度學習系統，訓練其為醫護的助手。在研究端，建立功能性磁震照影（Functional Magnetic Resonance Imaging）影像中心，運用高階影像學，進行尖端科學與醫學研究，突破生醫工程相關研究領域高階活體實驗動物之限制，發展神經、精神疾病、心臟、肺部、消化道、生殖與泌尿、骨骼肌肉疾患、癌症、代謝循環、免疫感染症的研發，形成跨領域研究團隊，提升成大醫學院在國際研究的競爭力與能見度。

除此之外，成大醫學院也建置高規格實驗室，例如 P3 病毒實驗室、病毒庫、和細胞治療 GTP 實驗室等，應用在再生醫學、腸道菌相、癌症醫學及細胞治療等特色研究，結合業界資源來建構研究服務平臺，發展特色新興研究領域。

成大醫學院引進人體影像解剖桌，以立體且互動式虛擬實境教材，讓學生模擬手術及侵入性治療的過程，為醫學教育奠定更好的基礎。

積極培育醫學研究人才

人才培育是醫學研究扎根與發展最重要的一環。成大醫學院深耕於醫學人才的養成，分別規劃「醫學科學」和「習醫之路」兩堂課，讓醫學生從大一到大四可以到基礎實驗室和臨床診間學習，建立其對於科學研究與臨床照護的基本知識。

為與國際接軌，成大醫學院院研究日成果發表，除了以全英文演講之外，更首創 3 分鐘口頭論文競賽，讓學生可以在短時間之內有效率地呈現出自己的研究成果。

同時，也加強推廣大學部學生暑期研究、輔導學生申請國科會大專生計畫、舉辦醫學院碩士班研究日，以及推廣醫學院研究日成果發表。為了與國際接軌，醫學院研究日成果發表，除了以全英文演講之外，更首創 3 分鐘口頭論文競賽，讓學生可以在短時間之內有效率地呈現出自己的研究成果。

藉由院外專家及企業家參與評審並呈現研究成果，研究日的成果推廣，不但促成產學合作，更強化策略聯盟鏈結。對於年輕的教師及醫師的研究輔導方案，成大醫學院本著經驗傳承、開創新局的理念，啟動教練制度，委請院內資深老師帶領優秀團隊與校內其他學院積極合作，提供最新計畫資訊與完整的協助，申請國家型計畫補助。

建立南臺灣的生醫新生態中心

成大醫學院善盡大學社會責任，鏈結社會需要，並正視老年化、食安、流行病等議題，聚焦全人照護之研究，發展數位智慧與精準醫療等進行整合性研究，提供科學依據，並結合臨床驗證，協助政府與人民開拓嶄新生活模式，提升國民健康福祉，建立出全新的南臺灣研究新生態及全國標竿之領頭羊。

蔚然成風 成大醫學院 40 週年誌
Legacy and Future: Celebrating 40 Years of NCKU College of Medicine

發　　　行／國立成功大學醫學院

發 行 人／沈延盛

召 集 人／王世敏、許桂森、甘宗旦、王家義、張雅雯、柯乃熒、張志鵬

總 編 輯／翁慧卿

校史顧問／楊政峰、楊朝鈞

編輯小組／黃亮勻、王梨菱

執行秘書／顏秀琴、李美惠、蘇雅琪、郭雀櫻、郭舒儀、林玉燕、陳瑞楨、張瓊文

封面題字／葉寶專

封面圖像／張蘊、蕭亦呈

照片提供／成大博物館、崑巖圖書館、新聞中心、策略發展整合室、院史委員會、何月仁、蔡慧頻、鍾淼書、盧豐華、大家健康雜誌

撰　　稿／王秀雲、王家義、甘宗旦、江宏哲、何雅琦、吳至行、吳華林、宋瑞珍、李澤生、沈延盛、林以行、林其和、林秋烽、林銘德、柯乃熒、紀淑靜、胡元德、胡凱翔、翁慧卿、高嘉璘、張文昌、張文輝、張育銘、張邦彥、曹朝榮、莊詠鈞、連文慧、郭美芳、陳志鴻、黃文貞、楊友任、葉純甫、葉寶專、趙可式、趙昭欽、劉宏輝、劉嚴文、蔡少正、蔡景仁、賴清德、賴維淑、戴大為、謝仲思、簡伯武、譚丞傑、蘇大成、蘇世斌、蘇益仁
（以筆畫順序排列）

出 版 社／有故事股份有限公司

董 事 長／陳芝宇

執 行 長／邱文通

總 編 輯／李漢昌

責任編輯／葉威圻

採　　訪／翁慧卿、陳雅莉

文字整理／陳雅莉

美術設計／李盈儒

校　　對／林姮聿、郭韋伶、劉俊輝

行　　銷／林姮聿

地　　址／台北市信義區基隆路一段 178 號 12 樓

電　　話／（02）2765-2000

傳　　真／（02）2756-8879

公司網址／www.mhustory.com

印　　刷／文聯實業有限公司

總 經 銷／大和書報股份有限公司

出版日期／2023 年 11 月初版

定　　價／800 元

國家圖書館出版品預行編目（CIP）資料

蔚然成風：成大醫學院40週年誌 = Legacy and Future: Celebrating 40 Years of NCKU College of Medicine / 王秀雲、王家義、甘宗旦、江宏哲、何雅琦、吳至行、吳華林、宋瑞珍、李澤生、沈延盛、林以行、林其和、林秋烽、林銘德、柯乃熒、紀淑靜、胡元德、胡凱翔、翁慧卿、高嘉璘、張文昌、張文輝、張育銘、張邦彥、曹朝榮、莊詠鈞、連文慧、郭美芳、陳志鴻、黃文貞、楊友任、葉純甫、葉寶專、趙可式、趙昭欽、劉宏輝、劉嚴文、蔡少正、蔡景仁、賴清德、賴維淑、戴大為、謝仲思、簡伯武、譚丞傑、蘇大成、蘇世斌、蘇益仁撰稿；翁慧卿總編輯 . -- 初版 . -- 臺北市：有故事股份有限公司出版；［臺南市］：國立成功大學醫學院發行, 2023.11
　面；　公分
ISBN 978-626-97537-2-7（精裝）
1.CST: 國立成功大學醫學院

525.833/127　　　　　　　　　112015997